前言

从古至今，语言充满着独特的魅力和无穷的力量，它作为人际交流必不可少的工具在人类历史的长河中一直发挥着不可替代的作用。

说话，即口头的语言交际，不但是人类有别于其他动物的主要标志之一，而且是人类数十万年来得以繁衍生息、生存发展的一种重要手段。在人类已经步入新世纪的今天，随着科技与信息革命的蓬勃发展，整个世界正在变成“地球村”，人们之间的交流越来越密切。说话，不仅是人们日常生活中的一个重要组成部分，更成了人们事业成败的一个举足轻重的先决条件。

说话是一门技巧，更是一门艺术。一句恰到好处的话，可以改变一个人的命运；一句言不得体的话，可以毁掉一个人的一生。掌握了说话的艺术，才能在社交和办事中如鱼得水、左右逢源、无往不利，成就成功人生。

为了帮助读者掌握说话技巧，本书从语言艺术、说话艺术、社交口才、说话技巧等方面进行系统的讲解，并结合鲜活的案例进行分析归纳，招招点睛，句句独到，是读者修炼口才的上佳读本。本书可以告诉你最简单、最有效的说话艺术。

说话的艺术

THE ART OF SPEAKING

好好接话

徐飞◎著

成大事者，先学会好好说话

成为“社牛”的必备宝典，将你的沟通能力提升3倍

随时随地，都能跟人聊得来

北方妇女儿童出版社

·长春·

图书在版编目（CIP）数据

说话的艺术 / 徐飞著. -- 长春 : 北方妇女儿童出版社, 2019.3（2023.12重印）

ISBN 978-7-5585-3239-9

Ⅰ. ①说… Ⅱ. ①徐… Ⅲ. ①语言艺术－通俗读物 Ⅳ. ①H019-49

中国版本图书馆CIP数据核字（2018）第291278号

说话的艺术

出版人	师晓晖
封面设计	艺和天下
责任编辑	张晓峰
开　本	32
印　张	6
字　数	145千字
印　刷	唐山市铭诚印刷有限公司
版　次	2019年3月第1版
印　次	2023年12月第2次印刷
出　版	北方妇女儿童出版社
发　行	北方妇女儿童出版社
地　址	长春市福祉大路5788号龙腾国际出版大厦A座
电　话	编辑部：0431-81629613
定　价	45.00元

目录 CONTENTS

第三章　深谙中庸平和之道

第四章　如此说服最好

第五章　情感沟通中的艺术

第六章　批评是个技术活儿

第七章　诠释最佳的幽默之道

第一章 中国式礼节宜周详

语言细节须注意，礼多人不烦

无论一个人在社会上扮演什么样的角色，充当什么样的身份，语言一直是维持人际关系良好互动的工具之一。

语言是双方信息沟通的桥梁，是双方思想感情交流的渠道。语言在人际交往中占据着最基本、最重要的位置。语言作为一种表达方式，能随着时间、场合、对象的不同，表达出各种各样的信息和丰富多彩的思想感情。说话礼貌的关键在于尊重对方和自我谦让。

称谓是开启交流之门的第一把钥匙。无论是新老朋友，一见面就得称呼对方。每个人都希望得到他人的尊重，人们比较看重自己业已取得的地位。对有头衔的人称呼他的头衔，就是对他莫大的尊重。直呼其名仅适用于关系密切的人之间。你若与有头衔的人关系非同一般，直呼其名来得更亲切，但若是在公众或社交场合，你还是称呼他的头衔会更得体。对于知识界人士，可以直接称呼其职称。但是，对于学位，除了博士外，其他学位就不能作为称谓来用。

在比较正规的社交场合，与师长或身份、地位较高的人交谈时，与人初次打交道或会见不太熟悉的人时，或者出席会议、谈判等公务场合时，需要用到敬语。我们日常使用的“请”字，第二人称中的“您”字，代词“阁下”“尊夫人”“贵方”等；另外还有一些常用的词语用法，如初次见面称“久仰”，很久不见称“久违”，请人批评称“请教”，请人原谅称“包涵”，麻烦别人称“打扰”，托人办事称“拜托”，称赞别人的见解称“高见”等。这些敬语虽然都是简简单单两三个字，但在交流中所起的作用是巨大的。

与“敬语”相对的是谦语，是向人表示谦恭和自谦的一种词语。谦语最常用的用法是在别人面前谦称自己和自己的亲属。例如，称自己为“愚”，称家人为“家严、家慈、家兄、家嫂”等。自谦和敬人，是一个不可分割的统一体。尽管日常生活中谦语使用不多，但其精神无处不在。只要你在日常用语中表现出你的谦虚和恳切，人们自然会尊重你。

雅语是指一些比较文雅的词语。雅语常常在一些正规的场合以及一些有长辈在场的情况下，被用来替代那些比较随便、甚至粗俗的话语。使用雅语，能体现出一个人的文化素养以及尊重他人的个人素质。在待人接物中，要是你正在招待客人，在端茶时，你应该说“请用茶”。如果还有点心招待，可以说：“请用一些茶点。”假如你先于别人结束用餐，你应该向其他人打招呼说：“请大家慢用。”雅语的使用不是机械的、固定的。只要你的言谈举止彬彬有礼，人们就会对你的个人修养留下较深的印象。

恰当地使用好这些细节语言，就可以帮助你恰到好处地处理人际关系。但是，一定要注意语境使用的恰当性，虽有“礼多人不怪”的说法，但过分夸张地运用这些词语，又不免给人留下刻意奉迎的印象，有时甚至会影响他人对你能力的怀疑。记住上面列出的敬语、谦语、雅语还不足以应付每天的职场，你还要记住以下一些常用词汇。

见面语：“早上好”“下午好”“晚上好”“您好”“很高兴认识您”“请多指教”“请多关照”等。

感谢语：“谢谢”“劳驾了”“让您费心了”“实在过意不去”“拜托了”“麻烦您”“感谢您的帮助”等。

致歉语：“对不起”“请原谅”“很抱歉”“请稍等”“请多包涵”等。接受对方致谢或致歉时：“别客气”“不用谢”“没关系”“请不要放在心上”等。

告别语：“再见”“欢迎再来”“祝您一路顺风”“请再来”等。

忌用语：“喂”“不知道”“笨蛋”“你不懂”“你能死了”“狗屁不通”“猪脑袋”等。

在各种场合都不免有与人接触交流的机会。古有训：“到什么山唱什么歌，见什么人说什么话。”

不管是名流显贵，还是平民百姓，作为交谈的双方都应该是平等的。交谈一般选择大家共同感兴趣的话题，但是，有些不该触及的问题，比方对方的年龄、收入、个人物品的价值、婚姻状况、宗教信仰，还是不谈为好。打听这些是不礼貌和缺乏教养的表现。

说话通常是为了与别人沟通思想，要达到这一目的，首先必须注意说话的内容，其次必须注意说话时声音的轻重，使对话者能够听明白。

说话时与人保持适当距离，除了考虑对方能否听清自己的说话，还存在一个怎样合乎礼貌的问题。从礼仪上说，说话时与对方离得过远，会使对话者误认为你不愿向他表示友好和亲近，这显然是失礼的。然而如果在较近的距离和人交谈，稍有不慎就会把唾沫溅在别人脸上，这是最令人讨厌的。有些人，因为有凑近和别人交谈的习惯，又明知别人顾忌被自己的唾沫溅到，于是先知趣地用手掩住自己的嘴。这样做形同“交头接耳”，样子难看也不够大方。因此，从礼仪角度来讲，一般保持一两个人的距离最为适合。这样做，既让对方感到有种亲切的气氛，同时又保持一定的“社交距离”，在常人的主观感受上，这也是最舒服的。

由此可见，在生活当中若一个人总是习惯于出言不逊，那么他自然很难得到他人的喜欢。因此，我们在日常交往当中一定要注意礼貌待人。

称谓，提升你的魅力指数

恰当的称呼能使交际得以顺利进行，不恰当的称呼则会造成对方的不快，为交际造成障碍。要想成为一名受人欢迎的人，就要根据对方的年龄、职业、地位、身份，以及同对方的亲疏关系和谈话场合等一系列因素选择恰当的称呼，借此提升自己的魅力指数以及亲和能力指数。

在人际交往中，恰当地称呼别人，这代表着一种尊重，这也是构建和谐人际关系的重要细节，这会使对方的心里产生一种莫大的优越感和满足感。懂得恰当称呼别人的人，才会让人喜欢。

如何称呼别人，是非常有讲究的一件事。用得好，可以使对方感到亲切，给别人留下一个良好的印象。反之，如果称呼不得体，往往会引起对方的不快甚至恼怒，使双方的交流陷入尴尬的境地，导致交流不畅甚至中断。

王女士今年快60岁了，由于日常保养得很好，看上去比实际年龄要年轻些。一次，她去菜市场买菜，一个新来的年轻姑娘热情地说："老奶奶，我们家的菜可新鲜了，看看您需要点什么？"

但让这位年轻姑娘感到奇怪的是，王女士听了不但没有搭理她，反而很生气地离开了她的摊位。这种奇怪的举动让这位姑娘感到很纳闷儿，她不明白是怎么回事。旁边的人悄悄对姑娘说："她不喜欢别人叫她老奶奶，你得叫她阿姨，她就对你热情了。"

原来，这王女士虽然年纪有点儿大了，但是却不愿意别人叫她"奶奶"。她经常来这个菜市场买菜，大家都认识她，而这个姑娘是新来的，对此当然不知道。

第二天，王女士又来买菜，那个姑娘亲热地叫了一声："阿姨，看看我们家的菜吧，便宜又新鲜。"王女士高兴地凑了上去，看看这个，瞅瞅那个，选了不少菜。

因此，在人际关系中的相互称呼一定要符合文明礼仪的要求，要尊重对方，千万不可轻视对方或使用对方难以接受的称呼。这样不但很容易让他人产生反感，甚至记恨在心，久久无法释怀。

既然称呼如此重要，那么在交往当中就要注意慎重地选择称呼。一个会说话的人，在对别人的称呼上是绝对不会马虎的，总结起来大概有以下几个原则需要引起注意。

1. 要看对方年龄

俗话说："逢人短命，遇货添钱。"意思是说，人家的年龄，要少说三五岁，人家的东西，要往贵了说。如今的老年人都有一种不服老的心理，其中女性尤甚，能喊“阿姨”的就别喊“奶奶”。

2. 要考虑自己与对方的亲疏关系

譬如，在生活中你对你的好朋友或关系较好的同事，直呼其名更显得亲密无间。倘若是你见了多年未见的同学朋友，直接称呼“先生、女士”反而会显得关系过于疏远了。当然，为了打趣故作“正经”，开个玩笑，也是可以的。

此外，在与多人同时打招呼时，更要注意亲疏远近和主次关系。一般来说以先长后幼、先上后下、先女后男、先疏后亲为宜。

3. 要考虑对方的职业

称呼别人的时候还要考虑到别人的职业。对不同职业的人，应该有不同的称呼。比如，对农民，应称“大爷”“大娘”“老乡”；对国家干部和公职人员、对解放军和民警，最好称“同志”；对医生应称“大夫”；对教师应称“老师”。

4. 要注意称呼的地域性

有些称呼，具有一定的地域性，使用不通行的称呼就会带来麻烦。比如山东人喜欢称呼“伙计”，但南方人听来“伙计”肯定是“打工仔”；中国人经常把配偶称为“爱人”，在外国人的意识里，“爱人”是“第三者”的意思。

5. 要注意场合

有些称呼在正式场合不宜使用。例如，“兄弟”“哥们儿”等一类的称呼，虽然听起来亲切，但显得档次不高。

“谢谢”挂嘴边

无论一个人在社会上扮演什么样的角色，充当什么样的身份，礼貌一直是维持人际关系不断互动的规则。礼貌是一个人的名片，说话有礼貌的人总是能够受到更多的欢迎。礼貌看似小事，却直接影响着你的形象，以及别人对你的态度。

在任何一部汉语词典里，很少有词语一讲出就能立刻赢得一个人的好感。然而，“谢谢”这个词却有这个魔力。也许很多人不是不想表达他们的感激之情，只是不知道该如何开口，只好选择了沉默。还有些人，他们充满感情的表达却让对方感到不自在。生活中，我们经常会听到这种抱怨：“我并不介意做所有的事，只要他每次能说声‘谢谢’”，或者“我为他做了那么多，他连声‘谢谢’都不会说”。

“谢谢”一词再简单不过，却常常被一些人轻视，或因其太简单而被忽略，以致他们在不知不觉中与好人缘失之交臂。虽然，向别人表达你的感激之情并不是什么太难的事情，但在表达的时候，还是需要一些“技巧”的。

我们知道，表达谢意可以用很多种方式，比如鲜花、小礼物、午餐回报等，不管是用哪种方式，“谢谢”这个词都要说出来或写下来。以下是一些传播这个不起眼儿但绝对重要的信息的方法。

1. 要诚心诚意

说“谢”字必须是诚心诚意，并要让人感觉到这一点。一定要记住，表达你的感激不是什么表面文章，而是你真的感激。这种感激应当是发自你内心的。所以，你表达自己的感激之情的时候，一定要真诚。

2. 要直视对方

专家说，在互相注视的时候，交流通常比较容易进行。所以，表达你的感激的时候，最好是专注地注视对方，这样你的话才显得是出于真心，你的感情才显得真挚。

3. 要有具体所指

如果你一个劲儿地握住别人的手说“谢谢”，别人却不知所以然，那样你的感激显得空洞无物。所以，在你说谢谢的时候，一定要具体说出对方在哪一方面帮助了你。如“我真的非常感谢您为我介绍了不少客户”。

4. 表示回报

别人帮助了你，你就要投之以桃，报之以李，当他需要帮助的时候，给予他回报。但是很多时候，别人帮助你并不是为了回报，即便他们需要你的帮助也不好意思开口。所以，在你说“谢谢”的时候，不妨表达一下回报的意思。比如你可以说：“我很感激您能在开顾问会议时回我的电话，以后只要有用得上我的地方，请随时找我！”

5. 送份礼物

送份礼物并附上一张便条，写上感激的话。只要你送的礼物能够非常恰当地表达出你的感谢，送什么并不重要。

一个老板请他的朋友去看了场一流水准的高尔夫球赛。为了投桃报李，朋友买了一份独特的礼物——高尔夫球杆的缩微模型，然后写了一张感谢的便条放在礼品盒里，一并送给了他，老板收到后深感欣慰。

6. 请客吃饭

邀请你要感谢的人去吃午餐或晚餐，一定要表明你这是为了感谢他的帮忙。如果你邀请的是已婚者，应当把其配偶一并邀请去。

7. 说“谢谢”时，不忘记对方名字

在表示感谢的时候，不要忘记对方的名字。“谢谢你”和“谢谢你，小李”的效果是完全不同的，尤其是你们并不是太熟悉的时候。

8. 表达要自然

表达你的感激之情的时候，一定要使你的话清晰而自然，不要吞吞吐吐，含糊其辞，那样会给对方做作的感觉。你需要表达你的感激的时候，一定是别人做了对你有帮助的事，你是受益者，所以你的感情应当是充满快乐的。

总之，要养成找机会感谢别人的习惯，尤其当别人没有想到时，一句出人意料的真心感谢，会让人满心欢喜。但要注意千万不要虚假客套，那样别人会感觉得出来，并且觉得不舒服。

相信，每个人在听到你真诚的“谢谢”时，心里一定是高兴的、喜悦的。所以，如果你想成为一个受欢迎的人，就把你的感激表达出来吧，不要把它藏在心里，那样永远也不会被人知道。

“对不起”很重要

敢于道歉是一种勇气，也是有教养的表现。道歉能使友人和好、仇人变友人；能使恋爱顺利、婚姻幸福；能使家庭和睦、邻里愉快；能使工作顺利、同事融洽相处……总之，它是人际关系中必不可少的润滑剂。

衷心道歉不但可以弥补破裂了的关系，而且可以增进感情。当别人用信件或亲自当面向你诚挚地道歉时，谁能不感动呢？原谅别人的错误能清除掉心中的怨恨情感。宽恕是一种对健康、对情绪大有好处的事。

当然，真正的道歉不只是认错，也表示承认自己的言行破坏了彼此关系，而这关系对彼此都很重要，所以希望能重归于好。

在拥挤的公共汽车上常常遇到这样的情形：一个人不慎踩了另一个人的脚，这个人马上诚恳地向对方表示歉意，说：“对不起！”被踩的人虽疼痛未消，却也表示了谅解：“没关系！”同类情况，在一些青年乘客中有时却会出现另一种局面：踩人者无动于衷，被踩者骂骂咧咧。于是开始了一场舌战：“你瞎了眼啦？干什么踩人？”“你才瞎眼呢，没看见车挤！怕人踩？坐出租车去！”你来我往，吵得不可开交。

同一件事，为什么有截然不同的态度、截然不同的结果呢？很简单，只因前者知礼，后者无礼。请不要小看这声“对不起”，它可以化干戈为玉帛，使一场令人厌烦的无谓争吵化为乌有，使一触即发的冲突烟消云散！有些人却对提倡讲礼貌不以为然。他们说：“搞那些形式客套有啥用？”“都是些生活小事，细枝末节，不值得三番五次地宣传。”

1. 讲礼貌是“形式”吗

是的，这是一种形式，但这种形式是表达一定的具体内容和感情的，这内容和感情概括起来说就是尊重和友爱。据说，早在古希腊战争年代，双方为了友好，不再打仗，都把盔甲、面罩取掉。以后为了表示友好，就采用推开盔甲、面罩的那个动作，成为今天沿用下来的举手礼；除敬礼外，为表示友好，不再互相争斗，把手伸开，表示手中无武器，和好吧，于是成了今天握手这种礼节。

礼貌是人们共同遵守的一种行为规范和道德准则，它是通往相互友好和尊重的一道桥梁。在日常生活里，一个简单的“请”字，一声热情的“谢谢”，一个亲切的招呼，并不是多余的“形式”和“客套”，而是对人尊重、诚挚的一种感情流露，它能使人感受到亲切、温暖和愉快。

2. 礼貌问题是“小事”吗

的确，比起一些违法乱纪的事，它是比较小的事。但从这种“小事”里，往往可以窥见一个人的内心世界，反映他的品德和文化修养的高低。通常，不讲礼貌的人除了缺少习惯培养的原因外，往往在思想意识上有些毛病，或者自私狭隘，或者骄傲自大；而讲礼貌的人则多是关心集体、尊重他人的人。出于这种关心和尊重，讲礼貌的人不论对方是强者或弱者，领导或群众，好朋友或陌生人，有求于人或无求于人，在公共场合或无人监督的环境，都是一样的。而真正做到这一点，必须具有质朴、谦逊、真诚、平等待人这些优秀品质。

在生活中，无意间得罪了他人或他人对你不满意的时候，一定要及时、得体地向对方道歉，以免彼此产生不必要的隔阂。下面介绍的经验值得借鉴。

（1）使对方产生情感共鸣

有两位老同志，许多年前因工作造成分歧，相互不理睬。其中一位上门化解多次，但对方态度强硬，拒不接受。这次去了，说了这样的话："我今年60岁了，你比我大，该是62岁了吧？咱们都是过了大半辈子的人了，还有多少年好活呢？我真不希望咱们到另一个世界还是对头。你难道就不能原谅我吗？"

从人生无多这个老年人易动情的话入手，使对方产生情感共鸣，终于消除了隔阂。

（2）先通过第三者转致歉意

当对方正处在火头上，好话歹话都听不进时，最好先通过第三者转致歉意，待对方火气平息之后，再当面道歉。如双方僵持不下，势必两败俱伤。如一方先主动表示歉意，就有可能打破僵局，化紧张为和谐，乃至化"敌"为友。

礼仪和修养体现你的尊贵

形象乃一个人的门面，装扮好了会让人赏心悦目。但是仅靠外表的装扮只能让人远观，而一个行为有度、谈吐优雅的人则会让他人如沐春风。良好的形象不仅是建立在一个人的着装如何名贵华丽上，它更源自你待人接物的说话之道上。

现在的人们在公司与客户沟通一些事情的时候都是通过电

话这个工具来完成的。作为办公室白领，使用电话是每天都要做的事，你使用电话时的礼仪直接代表了你的公司的形象。

1. 接电话时的说话礼仪

（1）拿起电话，先告知对方自己的单位名称；需要转接电话时，要问清楚对方的单位名称及所属部门。

（2）如果在接听电话过程中有客人来访，你应和通话人说明情况，得到对方同意后方可挂断电话，然后接待客人；如遇通话内容非常重要而不能马上挂断时，应立即向客人致歉，告知他（她）稍等，然后继续通话。

（3）如果对方需要你代为传达事情时，你应和对方多重复几次要点，如日期、数字等关键性要素，以免出错。

（4）如果对方打电话找你的上司，你可以客气而礼貌地询问："对不起，请问您是哪位？"以防不良意图者的干扰。

（5）转告某人有电话时，如果他（她）正在接待客户，你最好利用纸条传递口信，而不要口头转达。这样做不仅可以避免泄露秘密，也可以避免由于打岔儿引起的尴尬和不悦。

（6）如果因为对方而听不清楚对方说话的内容时，最好不要试图去猜测对方的话语，应立即将状况明确告知对方，请对方给予改善。

（7）如果自己的电话突然发生故障导致通话中断，此时你应该马上更换另外的电话再拨给对方，向对方解释清楚。

（8）通话时说话声音不宜太大或太小，更不能拿腔捏调，务必让对方听得清楚，否则对方会感觉不舒服，而且也会影响到办公室里其他人的工作。

（9）结束通话时，在你确定对方已经挂断电话后，自己再轻轻放下听筒。

2. 拨打电话时的礼仪

打电话一方应尽量为接电话一方着想，这样既表现出了一个人的风度，同时也提升了公司形象。在你所有的电话中，最多的可能是商业电话，这就要求你必须具备一定的商业基本常识和礼节。有时你可能会遇到一些令人不大愉快的紧急电话，这就需要你有一定的随机应变的能力。以下几点是你打电话时应该重点考虑的几个方面。

（1）厘清思路。给他人打电话时，切忌没有任何准备。当你要拨号之前，对于自己所要表达的事项应先厘清思路；而且，对方也肯定会问你一些问题，所以你应该事先准备好如何作出回答。如果可以的话，你可以先在自己的脑海中设想一下这次要谈的话题或草草记下想说的事情，这就要求你要养成随时记录的习惯。在你的办公桌上，应时时放有电话记录用的纸和铅笔，便于你一手拿话筒，一手拿笔，随时记录下重要的事情。

（2）表明自己的身份。打电话时，首先报出自己的身份，然后以问候作为谈话的开场白，这样可以迅速拉近通话双方的距离。

（3）确认通话时间是否适宜。当你给他人打电话时，也许对方正十分忙碌。因此，你应当征求对方现在通话是否方便。如询问对方，“您现在接电话方便吗？”“您现在忙吗？”“您现在有时间同我谈话吗？”“这个时候给您打电话合适吗？”“您能抽出点儿时间听听我的话吗？”等等。

（4）给对方足够的时间作出反应。即便你想迅速解决某一紧急的事务，也应该给对方足够的时间，让他（她）们对你的要求作出反应。如果你拿起电话像机关枪一样说个不停，那会使对方误以为你正在朗读材料呢。

（5）避免其他事务的干扰。当你打电话时，如果你中途与身边的其他人谈话，这是极不礼貌也不合适的行为。吃东西也是不允许的，那只会让人觉得你对他（她）们不够尊重。你万一这时有一件更加重要的事情需要处理，你应该向对方道歉，并讲明理由，然后以最短的时间处理完这些事情，不要让对方久等。如果你预计到对方等候的时间可能会长，你可以向对方道歉，然后过一会儿再打过去。但在你打电话时，最好要避免这种情况的发生。

莫要忽略酒桌上的“行为美”

喝酒，作为一种交际媒介，在洽谈业务、迎宾送客、传递友情等方面可以起到独到的作用。所以，作为一个聪明人，探索一下酒桌上的语言奥妙，将有助于你达到良好的公关效果。

酒桌上可以显示出一个人的才华、学识、修养和风度，有时一句诙谐幽默的语言，会给他人留下很深的印象，使他人无形中对你产生好感。所以，知道什么时候该说什么话，而且语言得当、诙谐幽默很关键。

由此，在酒桌上的言谈举止尤其要引起人们的注意：.

1．酒席桌上，切忌私语

大多数酒宴宾客都较多，所以应尽量多谈论一些大部分人能够参与的话题，得到多数人的认同。因为个人的兴趣爱好、知识面不同，所以话题尽量不要太偏，避免唯我独尊，天南海北，神侃无边，出现跑题现象，而忽略了众人。

特别是尽量不要与人贴耳小声私语，给别人一种神秘感，往往会让人产生就你俩好的忌妒心理，影响喝酒的效果。

2. 瞄准宾主，把握大局

大多数酒宴都有一个主题，也就是喝酒的目的。赴宴时首先应环视一下各位的神态表情，分清主次，不要单纯地为了喝酒而喝酒，而失去交友的好机会，更不要让某些哗众取宠的酒徒搅乱东道主的意图。

3. 语言得当，诙谐幽默

酒桌上可以显示出一个人的才华、学识、修养和交际风度，有时一句诙谐幽默的语言，会给客人留下很深的印象，使人无形中对你产生好感。所以，应该知道什么时候该说什么话，语言得当，诙谐幽默很关键。

4. 劝酒适度，切莫强求

在酒桌上往往会遇到劝酒的现象，有的人总喜欢把酒场当战场，想方设法劝别人多喝几杯，认为不喝到量就是不实在。

以酒论英雄，对酒量大的人还可以，酒量小的就犯难了，有时过分地劝酒，会将原有的朋友感情完全破坏。

5. 女性要善于拒绝劝酒

经常出入酒桌，女人少不了被人劝酒的情形。酒喝多了，毕竟不是好事，尤其是对于女性来说，就更加令人尴尬了。但如果总是生硬地拒绝别人的劝酒，又有可能造成别人的尴尬。所以，女人很有必要掌握一些酒桌上拒酒的说话技巧，这不仅有助于公关交际的成功，而且能保护自己的身体健康。

6. 敬酒有序，主次分明

敬酒也是一门学问。一般情况下敬酒应以年龄大小、职位高低、宾主身份为序，敬酒前一定要充分考虑好敬酒的顺序，分清主次。熟悉与不熟悉的人在一起喝酒，也要先打听一下身份或是留意别人如何称呼，这一点心中要有数，避免出现尴尬或伤感情的局面。

敬酒时一定要把握好敬酒的顺序。有求于某位客人在席上时，对他自然要倍加恭敬，但是要注意，如果在场有更高身份或年长的人，则不应只对能帮你忙的人毕恭毕敬，也要先给尊者长者敬酒，不然会使大家都很难为情。

7. 察言观色，了解人心

要想在酒桌上得到大家的赞赏，就必须学会察言观色。因为与人交际，就要了解人心，左右逢源，才能演好酒桌上的角色。

8. 锋芒渐露，稳坐泰山

酒席宴上要看清场合，正确估价自己的实力，不要太冲动，尽量保留一些酒力和说话的分寸，既不让别人小看自己又不要过分地表露自身，选择适当的机会，逐渐放射自己的锋芒，才能稳坐泰山，使大家不敢低估你的实力。

谈判中不失原则的礼貌用语

在我们的脑海中，谈判的场面一般都是这样的：双方都非常严肃地注视着对手，生怕错过对方的任何一个细节；然后，他们为了某一个问题高声争吵起来，甚至到了剑拔弩张的地步；最后，某一方得意扬扬地以胜利者的姿态走向门外，而另一方则垂头丧气，像泄了气的皮球那样。

现在我们已经知道，谈判并不一定非得如此不可，因为我们都希望能够达到一种双赢的结果。我们希望自己能够获得最大的利益，也知道需要经过对方的同意，因此都会以一种温文尔雅的方式去取得。

基于这一点，跟以前有所不同的是，现在的大多数谈判都展现出一种融洽友好的气氛，最后也达到了双方都满意的效果。很容易看到，融洽友好的气氛是有助于实现双赢的。

那些谈判高手都会展现出一种大度礼貌的形象，以营造一种融洽友好的气氛，即使他们和谈判对手的利益和立场的对立已经相当严重。事实上，他们的努力收到了应有的效果。

因为正如我们说过的那样，礼貌的确能够使交谈双方心情变得更好，更加容易接受别人的意见和建议，也更加愿意满足别人的一些要求。谈判高手的这些方法值得我们借鉴。

1. 谈判中的礼貌用语

在谈判的过程中，适当地运用一些礼貌用语，就会起到润滑油那样的作用。如果你和你的谈判对手因为某个问题而产生了矛盾，无法达成一致的意见，你不妨说："不好意思，可能是我错了，让我们再分析一下。"对方一定会把自己因反对你而建立起来的心理屏障拿掉，然后跟你一起进行分析。这就是礼貌的作用。

让众多谈判者感到为难的是，他们虽然想表现得有礼貌，但是却也不愿意丧失自己的原则。表面上看起来，这两者似乎是矛盾的，但是实际情况却并非如此。

对一个谈判者来说，既有礼貌又不丧失原则的方法是，充分地利用自己的语言技巧。正像一个说话高手说话一样，礼貌只是表达自己看法的手段，而绝不是目的。有经验的谈判者，往往会借助高超的技巧，委婉、含蓄、间接地发表自己的意见。如果说他们的意见有可能伤害到对方的话，他们不是不把它表达出来，而是会选择另外一种让对方可以接受的方式，同时丝毫不会影响到自己想要表达的意思。

在这里，主要介绍3种在谈判中经常用到的礼貌用语。

（1）谦虚

谦虚能够促成谈判的成功。在没有听清楚或弄明白对方的谈话内容、有关专业词汇时，有的谈判者以为说出来会影响自己的形象，因此避免说出来。其实，适当地表示自己有不明白的地方能够使自己得到对方的好感，也更加容易得到对方的帮助。那些趾高气扬，号称自己无所不知、无所不能的人，才容易引起对方的反感，因而也会勾起对方挑战的欲望。因此，适当地说“我不太清楚”“这个词是什么意思”这样的话，对谈判是会有促进作用的。

（2）称赞

适时地对对方表示欣赏，有利于谈判的成功。每个人都希望受到别人的尊重，喜欢被人称赞，这是人的天性。当他说了一句精彩的话或者作出了某个决定的时候，你应该称赞对方做得非常出色，这样能够为你赢得他人的好感，从而使谈判对你更加有利。

（3）感谢

当对方称赞你或者表示同意你的某个意见的时候，你应该对他表示感谢。“谢谢”是被运用得最广泛的一个词，在谈判桌上它仍然有效。任何人都希望自己被人重视，希望自己能够对别人有所帮助，因为这能够体现自己的价值。

2. 谈判中要注意的禁忌语

同样，在营造平和、融洽的气氛的时候，应该注意避免犯那些不该犯的错误，即谈判时的一些禁忌。这些禁忌会使气氛变得不和谐甚至使双方对立。

（1）弄虚作假

如果把谈判想象成一场你死我活的斗争的话，那么这种现象将是无法避免的。关键是谈判并不是你所想象的那样，而是可以双赢的。这种方法掩盖缺点、夸大优点，不顾事实地胡编乱造，因而一旦被对方发现，就会使其失去对你的信任。

（2）卑躬屈膝

有些谈判者在谈判时企图以一种请求的态度达到自己的目的。他们扮演了可怜者的角色，希望得到对方的同情。遗憾的是，对方并不会如他们所愿。最后他们通常会发现，自己本来应该得到的都没有得到，更不用提那些无谓的奢望了。他们把自己的位置摆得很低，因此对方就会把他们摆得更低。

（3）目中无人

与上一种禁忌相反的是，许多谈判者认为自己在身份、地位或实力上高人一等，因此在谈判中往往盛气凌人。他们认为对方是在请求自己给予好处。但这样做的结果往往是，谈判无法达成一致。对方可能的确因此受到了一些损失，但是自己受到的损失往往会更大。

（4）以自我为中心

谈判最忌讳以自我为中心，完全不考虑其他人的感受和需要。这些谈判者在整个谈判过程中一直在说“我想……”“我认为……”“我需要……”等句子。他们希望对方满足自己的需要是没有错的，但是忽视了对方的想法和需要却是错误的。要知道，这可是一场将满足双方需要的谈判，而不是某一方的演讲。

（5）咄咄逼人

许多谈判者喜欢在各方面压倒对方。一旦对方提出某一个观点或建议，他们马上就劈头盖脸地发表演讲，似乎想封住对方的嘴巴。当然，他们的原意并非如此，而只是急于表达自己的看法，让对方接受自己的建议。但是，这种做法是愚蠢的。正如我们前面说过的那样，没有人喜欢接受这样的批评或建议。

（6）信息不确定

有一些谈判者由于接收的东西过多或者由于信息传播的途径问题，得到的消息往往是不确定的，甚至是自相矛盾的。然而，他们却用这种不确定的信息作为自己观点的论据。殊不知，当他的论据遭到怀疑的时候，他的观点也必然遭到怀疑，从而失去说服力。这种不确定的信息是不值得信赖的。

迎来送往，宴会展示个人的形象

现代交往中，人们把设酒宴、办招待当成一种有效的沟通手段，所以“礼尚往来”的情形会经常发生。在宴客的过程中，作为举办宴会者更需要巧妙地用语言与宾客进行沟通。礼貌的迎接和拜访不仅代表了你的形象，同时也折射了你的素质、层次和能力。这些最常见的事如果处理不好，会给自己脸上抹黑，影响自己的情绪，也会有损自己的形象，给自己造成损失。

宴请客人来了之后，应当负责介绍来宾的姓名、身份、工作，不要随意夸张，不要随意渲染，必须简要，两三句便可。为其他人作介绍时更要简洁明了、实事求是。介绍姓名时，发音要清晰，最好作扼要的说明，如介绍张某，可以说是“弓长张”；介绍章某，可以说是“立早章”。这样既听得清楚，又便于记忆。被介绍的一方应以礼貌的语言向对方问候，点头或握手致意。

当来宾坐下之后，不要独自和某一个人展开忘我的长谈，必须注意处理好与众人的关系，不要对这个冷，对那个热。对于那些遭到冷落或接不上嘴的宾客，应去为其解围。宴会结束，当大家成群离去时，也应送至门口，挥手互道晚安，并应致意：“感谢各位的光临，谢谢大家把宴会气氛维持得这样好。”如果时间还早，可稍示挽留。

乘车、船、飞机远道而来的客人，心理上常常会有一种陌生感和疲惫感，对接待人员一般采取观察的态度，往往不愿多问多讲。接待人员要事先了解客人的数量及他们的身份，考虑好接待时的姿态和语言，用热情的话去温暖客人，以博得好感、消除沉闷、增进友情。请看下面的例子。

“请问您是赵总吗？我是×××公司公关部的李军，我代表公司全体员工欢迎您的到来！”“您好！请问您是×××公司的王经理吗？我是×××集团公关部的孙宁，我们郑总派我来接您，欢迎您的光临！”

接待客人时要介绍必要的安排，使客人感到踏实。请看下面的例子。

“尊贵的各位客人，我们的车正向公司迎宾楼开去，再有大约半小时就到了，辛苦大家了！”“各位贵宾，本次购销洽谈会将从明天开始，今天下午大家可以好好休息，晚上专为你们举办欢迎晚会，请各位赏光。”

送客时，你要表示歉意和祝福，使客人感到心满意足。比如：“王总经理，恭喜您这次洽谈硕果累累，祝贵公司来年大展宏图！”“吴总，这次来到我们这边远小市，条件不好，招待不周，委屈您了，请多包涵！”“贵宾们，祝大家都走好运，祝你们事业成功！欢迎各位再来！”

有了这样的语言，就能使宾客高兴而来，满意而归，并给大家留下热情好客的印象，有利于扩大交流与合作。

良好的礼貌为“告别”加分

在拜访的过程中，告别时的应对非常难处理。在商业谈判结束后，什么时候提出告辞才合适呢？这个时间非常不好掌握。也许有人觉得要等对方先说“那么，我们就……”时起身告辞比较合适，实际上尽量在对方提出谈判结束之前，自己主动站起来。

如果你主动说“非常感谢您今天抽出时间……”这会充分显示出你是一个很果断的人。如果被对方催促的话，你就失去了这个难得的、显示你气势的机会。一定要不断提醒自己“要主动说告辞”。

对于告别时的技巧，最重要的是速度和流畅性，磨磨蹭蹭是最不可取的。应该说完告辞的话后，就退出房间。尤其要避免忘记什么物品，过5分钟又回去拿这种事情，这样将会让别人对你的良好印象一下子掉到谷底。

心理学上有个非常有名的法则，认为人的记忆具有“最初效果”和“亲近效果”两种功能。也就是说，最初见面的第一印象和告别时的印象，都会给人留下深刻的记忆。换言之，哪怕你只是在临别时稍微磨蹭了一点，别人也会马上给你贴上一个糟糕的标签——“这个人做事很磨蹭”。

告别时千万不要说“不好意思，我可以用一下洗手间吗？”这种话该在和对方告别之后，去别的地方上洗手间。根据记忆的法则，不论谈判的过程有多么愉快，一旦这样做，留给别人的印象马上就会大打折扣。

告别时还应再提一次对方的名字，说“那么××先生，我就告辞了”，这会十分明确地向对方传达“我已经记住了你的名字”“今天谈得真的非常愉快”等信息，会给对方留下良好的印象。因为能准确地记住对方的名字，表示你对对方非常尊敬，这是一个在谈判中很有效的战术。

另外，如果谈判是在你的办公室进行，你至少要把对方送到门口。如果想表达你非常重视和对方的关系，最好把对方送到电梯或是办公楼外。这种特意相送的举动，会有效地传递你非常认可对方的心情。

如果对方先说“今天就这样吧”，你不要只说一句“好的，再见”，而不去送对方。在这种情况下，更要去送对方。要让对方深深地感受到你的善意，因此要把对方送出门。

主动告别，可以掌握主导权，顺便讲一句话：“×总，您看我什么时候再来拜访您？”主动告别给自己预留下次拜访的时间。如果别人一再看表，而我们仍然没有提出告别，那是非常不明智的。如果，对方主动提出告别，那我们就失去了主导权！

学会察言观色是拜访人员应具备的基本功！

任何情况下，都要尊重他人

在别人说话时，我们不能只听到一半或只听一句就装出自己明白的样子。我们提倡在听别人说话时，要不时作出反应，如附和几句“是的”等话语，这样既让说者知道你在听他说，又让他感觉你很尊重他，使他对你产生浓厚的兴趣。

但是，万事都有所忌，都要把握分寸。许多人过分相信自己的理解和判断能力，往往不等别人把话说完就中途插嘴，这种急躁的态度很容易造成损失，不仅容易弄错了对方说话的意图，还有失礼貌。当然，在别人说话时一言不发也不好，对方说到关键的时刻，说完后，你若只看着对方，而不说话，对方会感到很尴尬，他会以为没有说清楚而继续说下去。

有不少人在倾听别人说话时表现得唯唯诺诺的样子，哼哼哈哈，好像什么都听进去了，可等到别人说完，他却又问道：“很抱歉，你刚才说了什么？”这种态度，对于说话者来说是有失礼节的事。

所以说，即使你真的没听懂，或听漏了一两句，也千万别在对方说话途中突然提出问题，必须等到他把话说完，再提出：“很抱歉！刚才中间有一两句你说的是……吗？”如果你是在对方谈话中间打断，问：“等等，你刚才这句话能不能再重复一遍？”这样，会使对方有一种受到命令或指示的感觉，显然，对方对你的印象就没那么好了。

听人说话，务必有始有终。但是能做到这一点的人并不多。有些人往往因为疑惑对方所讲的内容，便脱口而出：“这话不太好吧！”或因不满意对方的意见而提出自己的见解，甚至当对方有些停顿时，抢着说：“你要说的是不是这样……”这时，由于你的插话，很可能打断了他的思路，使他忘了要讲些什么。

尤其对推销员来说，在与客户交谈时绝不能随意打断客户的话，而应让他心平气和地将话说完，就算他的意见不符合实际情况，也要听下去，除非情况非常特殊。

让顾客充分表达异议，即使你知道他要说什么，也不要试图打断他。对顾客要有礼貌、认真地倾听，尽量作出反应。没有任何一个客户愿意与那些自作聪明的业务员打交道。如果你不能表现出对顾客及其问题的兴趣，你永远都难以赢得顾客的信任。

冯袁在自己所在的镇上盖起了一套三层的楼房，当房子三层刚封顶时，几个朋友在他家吃饭。席间，来了一位专门安装铝合金门窗的个体户，与冯袁一见面就递了张名片。其实这个个体户的店铺门面也在镇上，冯袁虽然见过他，不过没有业务往来。

个体户与冯袁见面后，便开始推销自己的产品。听完个体户的介绍，冯袁说：“虽然我们以前不认识，但通过我们刚才的一席话，我感觉你对铝合金门窗安装的经验很丰富，我也相信你能做得很好。不过在你来之前，我们厂里一名下岗钳工已经向我提起过这事了，说他下岗了，门窗安装之事让他来做……”

冯袁的话还没说完，个体户便插话道：“你是说那东奔西走的小张吧？他最近是给几家安装了门窗，但他那‘小米加步枪’式的做法怎么能与我们相比呢？”

这话不说还好，一说便马上让冯袁改变了主意，他接着说：“不错。他是手工作业，没有你们那先进的设备。但他现在已下岗在家，资金不够丰厚，只能这样慢慢完善。出于同事之间的交情，我也不能不给他做！”

结果个体户只得怏怏地离开了。之后，冯袁对朋友们说：“这个个体户没听明白我的意思，就把我的话给打断了。我是在暗示他，做铝合金门窗的人很多，不光他一个上门来找业务。我已打听过了，他做门窗已多年，安装熟练，而且也很美观。但他的报价很高，我只是想杀杀他的价格，可他的一番言语攻击了我同事的人品，我宁愿找别人，也不要让他来安装。”

一个精明而有教养的人与人交谈时，即使对方发表长篇大论，喋喋不休，也绝不会插嘴。因为随便打断他人的言谈，不仅不礼貌，而且可能什么事也谈不成。

同时，你还应注意一点，当别人谈话时，不要静悄悄地站在他们身旁，好像在偷听一样。你要尽可能找个适当机会，礼貌地说：“对不起，我可以加入你们吗？”或者大方地、客气地打招呼，叫你的朋友介绍一下，就能很自然地打破这个情况。千万不要打断他们的话题，以免出现尴尬的气氛。

开玩笑也要“适可而止”

玩笑是我们日常生活中的调味品，适当地开个玩笑，除了能调节气氛、减轻疲劳之外，还有助于缩短与朋友、同事之间的距离。会开恰当的玩笑是口才高手的专长，一句得体的玩笑不仅可以化干戈为玉帛、消除积怨，还可以活跃尴尬的气氛，更能够委婉地批评对方的无礼、拒绝某人的要求。然而并不是什么事都能拿来开玩笑的，而且你开玩笑时一定要注意好尺度和分寸，过头的玩笑不能开，否则会过犹不及。

一天，在外地出差的王先生接到好友电话称："你爱人掉进下水道了，被我送进了医院，你赶快回来。"王先生接到电话后，急急忙忙往回赶。回到家中，见爱人正在看电视，才知道自己被骗。

"太气人，玩笑开得太过分。"张先生告诉妻子，接到好朋友的电话后，根本没有想到他是在骗人。于是他找到朋友，朋友不但不为自己的行为道歉，反而说："愚人节开玩笑很正常。"他听后十分生气，以后对于该朋友的电话再也不会认真理会了。

熟悉的朋友之间，大家相互取乐，说话不受约束，是朋友间相处至深的表现，也是人生的一件快事。不过，凡事有利也有弊，乐极生悲，因开玩笑而使朋友不欢而散的事也常有，有的甚至因为几句玩笑话而伤感情，断交情。事实上，善意的欺骗和愚弄，能让周围人的生活变得轻松愉快，但一定要掌握火候。像这种拿亲人的人身安全开玩笑的做法就实在太过火。

开玩笑本来无所谓顾及对方的尊严，但是如果使对方太难堪了，那就失去了玩笑的意义。你笑你的同学考试不及格，你笑你的亲戚做生意因上了别人的当而亏了……本来这些都是应该报以同情的，而你却拿来取笑别人，不仅使对方难以下台，而且表现出你的残酷无情。同样不可以拿别人生理上的缺陷来作为你开玩笑的题材。不可使开玩笑成为你的谈话习惯，除了开玩笑就不会说话，只能表示你的浅薄。故意拿别人的苦恼开玩笑的人，一定是一个没有同情心的人。

可见，在人际交往当中只有得体的玩笑，才可以松弛神经，活跃气氛，创造出一个适于交际的轻松愉快的氛围，因而诙谐的人更能受到人们的欢迎与喜爱。那么，如何掌握好开玩笑的分寸呢？

1. 内容要高雅

开玩笑是运用幽默的语言有技巧地进行思想和感情交流的艺术，这就要求语言必须文雅。笑料的内容取决于开玩笑者的思想情趣与文化修养。内容健康、格调高雅的玩笑，不仅给对方以启迪和精神的享受，也是对自己美好形象的有力塑造。如果开污言秽语的玩笑，不仅使语言环境充满污浊的气味，对于听者也是一种侮辱，至少也是一种不尊重。同时也说明自己水平不高，情趣低俗。

2. 态度要友善

与人为善，是开玩笑的一个原则。开玩笑的过程，是感情相互交流传递的过程，是善意的表现。如果借着开玩笑对别人冷嘲热讽，发泄内心的厌恶、不满的情绪，甚至拿取笑他人寻开心，那么除非傻瓜才识不破。也许有些人不如你伶牙俐齿，表面上你占了上风，但其他的人会认为你不能尊重他人，从而不愿与你交往。这样，你将失去众多的朋友。

3. 对象要区别

人的身份、性格、心情不同，对玩笑的承受能力也不同。同样一个玩笑，能对甲开，不一定能对乙开。一般来说，后辈不宜同前辈开玩笑，下级不宜同上级开玩笑，女性不宜同男性开玩笑。

在同辈人之间开玩笑，则要掌握对方的性格特征与情绪信息。对方性格外向，能宽容忍耐，玩笑稍微过大也能得到谅解；对方性格内向，喜欢琢磨言外之意，开玩笑就应慎重；对方尽管平时生性开朗，但恰好碰上不愉快或伤心事，就不能随便与之开玩笑。相反，对方性格内向，但正好喜事临门，此时与他开个玩笑，效果会出乎意料的好。

4. 场合要分清

在开玩笑时一定要分清场合，看这种场合是否可以开这种玩笑。一般来说，严肃静谧的场合，言谈要庄重，不能开玩笑。而在喜庆的场合则注意所开的玩笑能否使喜庆的环境增添喜悦的气氛，如果因开玩笑使人扫兴就不好了。总的来说，在庄重严肃的场合不宜开玩笑，否则极易引起误会。

5. 忌讳要躲开

通常需要注意的禁忌主要有以下几点。

和长辈、晚辈开玩笑忌轻佻放肆，特别忌谈男女之事。几辈同堂时玩笑要高雅、机智、幽默、乐在其中。在这种场合，忌谈男女风流韵事。当同辈人开这方面的玩笑，自己以长辈或晚辈的身份在场时，最好不要掺言，只若无其事地旁听就是。

和非血缘关系的异性单独相处时忌开玩笑。哪怕是正经玩笑，也往往会引起对方反感，或者会引起旁人的猜测非议。

总而言之，玩笑可以让我们的生活更加多彩，然而开玩笑时一定要掌握“度”，适可而止才能活跃气氛，增进彼此之间的友谊。

（1）说话不是一件小事

首先要带领大家走出的第一个误区：说话，并不是一件小事。小时候，我们在他人眼里都是孩子，没人会在意我们说什么，说得怎么样，是否在意他人的感受，等等。童言无忌，少不更事，是我们语出伤人的第一道挡箭牌。但是，如果到了二十多岁，长大成人的你仍口无遮拦，说话不经大脑，那么等待你的不仅是他人的鄙视，更有可能伴随着亲情的淡漠和爱人的疏离。还在相信什么“刀子嘴豆腐心”“不理解我的人懒得解释，真正理解我的人不需要解释”这类一厢情愿的逻辑吗？别再天真了。

不管你信或不信，我都要很遗憾地告诉你，无论你自我感觉多么良好，在他人眼中，你说什么样的话，就是什么样的人。尤其在当今社会，生活节奏快，人与人之间的关系基本上都是浅社交。每个人的时间和精力都很宝贵，你凭什么要求别人透过你毒舌般的言语体悟到你那颗金子般的心？

人从幼稚走向成熟的第一个标志就是懂得彼此理解和相互尊重，我们不光要拿这条来要求别人，自己在快人快语时也要考虑他人的感受。而且，不光是与萍水相逢的人交流要如此，与挚友、亲人的交流也应当如此。有人可能会说：“跟他们客气什么呢？我当他们是自己人才口无遮拦的。”那么请问：“你既然把他们当自己人，珍视为自己的一部分，怎么可以不顾他们的感受，不对他们表示出尊重呢？你难道不尊重自己吗？你要是不尊重自己，如何奢求别人尊重你？”这样我们就会明白，为什么在公共场合要尊重伴侣了，因为我们在传达着这样的信息：我，爱他／她；我，尊重我自己。

（2）好好说话是一种能力

在生活和工作中，我们经常会抱怨别人不理解自己。然而退一步想，我们真的把自己的意思表达清楚了吗？可能很多人相信这个世界上有一些东西是根本无法用语言表达的。我也曾经相信这一点。但如今我意识到，很多时候其实只是因为我们没有找到合适的语言。这就是为什么有的时候我们需要借助别人的语言来表达自己的想法——有时候看到一句话，会突然觉得那是我们长久以来想说却说不出来的。

所以，锤炼自己的语言，更加准确地表达自己的意图便显得格外重要了，因为这是我们唯一能控制的可变因素。

而从现实的角度考虑，一个人能够好好说话，对自己的想法予以充分而清晰地表达，会让他获益良多。有一位在剑桥大学攻读教育学博士的中国留学生曾写过一篇文章——《你以为我在剑桥读经典，其实我不过是学会说话》。文中写道：

语言能力决定发展潜力。在所有这些人中，有一位作家是我非常敬重的，和他接触的过程中我学到很多东西。我注意到，他在描述东西的时候都会说得非常准确，很少用代词，很少有歧义。而且，无论你把写的论文交给他或是和他进行交谈时，他都会对你语言表达的准确性严加要求。这样的学习经历是我之前没有过的，平时即便有人说你写得不清楚，也基本不告诉你为什么不清楚，哪里不清楚，怎样才能更清楚。能给出这样的反馈，需要的不只是耐心，更重要的是有足够强的表达力和解释力。

一个会使用语言的人，一个能够准确掌握大量词汇的人，就有能力说出别人说不出来的话。这样的能力，会让人在日常生活和工作中，在人与人的交流中，掌握很多的主动权。

认真准确地做到自我表达有多重要？美国著名学者克林肯博格曾就此在《纽约时报》刊文，在文章末尾他说："没有人找得到一种为这种能力定价的方法……但每一个拥有它的人——不论如何、何时获得——都知道，这是一种稀有而珍贵的财富。"所以，请你为了他人，也为了自己，重视说话，准确表达。

(3)想获得理解，先拿出诚意

见过不少不道德的男士，动不动以“和她没有共同语言，她无法理解我”等毫不负责任的理由甩掉女友。他们最缺乏的基本认知前提就是：“想要获得理解，首先得拿出足够的诚意。”在传播学中，关于人际传播，经常被讨论的课题就是如何减少信息传播中的信息丢失，减少人与人沟通中的繁杂冗余。而得出的方法其实很简单，却又是被实践证明非常有效的手段：继续沟通，更多、更充分、更深入地沟通。你知道世界上没有两片完全相同的树叶，你就更应该懂得交换想法、求同存异，加倍拿出耐心与诚意去了解你另一半的道理。有一位读者朋友私信我，说他很苦恼，自己写的文章明明觉得还不错，可投稿无数次，每天恨不得投七八篇，就是入不了网站编辑的法眼。我叫他把他觉得还不错的稿子发到我邮箱。他一口气发了10篇。我点开一看，立即将邮件退回。告诉他，如果我是编辑，也会退回他的稿子。

为什么呢？这位自以为很行的“大作家”，连最基本的排版都懒得排，全文一张图片都没有，段落划分莫名其妙，标点符号乱用一气，错字连篇……我没看三分之一就瞧不下去了。我说：“编辑不是给你打工的，我们都得为读者负责，你连个排版的诚意都没有，凭什么要让你的文章上网站首页？”

坐享其成都是幼稚的美梦，没有任何付出，拿不出任何诚意，单方面要求别人尊重你、理解你、懂你……绝无可能。工作如此，爱情亦然。

(4)爱她，就把最重要的真心话说给她听

最后，关于表达，我还想提醒大家一点，那就是：伤人的话不能说，鼓励的话经常说。爱一个人，无非就是把最重要的真心话说给她听。

伤人的话不能说。太多情侣吵架时为了守住尊严最后的防线，拼命地否定对方的存在价值，说别人如何如何，自己比对方好得多之类的话。在这里提醒大家，在争吵过程中，你可以歇斯底里，甚至可以满嘴粗口，但万万不可触及的红线是：从根本上否定对方存在的价值。红线一旦被践踏，一切就都失去了意义，就真的没有携手终老的可能了。

身边的朋友在选择目标对象时有时会让我做个参考，看看两人合不合适。这是别人的终身大事，我不敢瞎说什么，但有一条我一直坚持，并且屡试不爽：首先要考虑一下两人分别是什么人格类型的人。这里分为两种：一种是自卑型，一种是自信型。自卑并非贬义，每个人多多少少都有，但一个自卑型人格占主导的人，往往自尊心很强，你和他相处时需要多考虑一些。如果两人都是自信型那不用多说，两个人胸怀坦荡，幸福去吧。如果两人一个自卑型一个自信型，也蛮好，自信的一方无须从另一方那里获取太多存在感，吵架也可以先低头。但是，如果两人自尊心都很强，很敏感，但还想一直走下去，那么在相处时就要谨言慎行了。

鼓励的话经常说。这里就反映出一些中西文化上的差异，因为我们传统的表达爱意的习惯是含蓄委婉的，甚至会走向极端，觉得那三个字沉重得不行，10年也不肯说一回。在此推荐你看一篇文章——《所谓恩爱，就是好好说话》。我们这里讲的爱与鼓励的话，并非是空洞高大的海誓山盟，而是细水长流的温馨私语。年轻的我们在爱情中会经历三个认知阶段。第一个阶段的我们爱听甜言蜜语，觉得山无棱，天地合轰轰烈烈才算爱情。第二个阶段，我们爱过，痛过，受过伤，流过泪，觉得自己过了耳听爱情的年纪，便不再在这方面付出分毫，一切以行动为标尺，从此告别诉衷肠。然而以上都太绝对了，我们终究要走向第三个阶段——在平凡又温暖的日子里，我与你并肩前行，无论昨晚是风雪交加还是狂风暴雨，每天早晨醒来，你都会吻着我的额头，不厌其烦地说着："我爱你。"

总之，无论是对待学习、工作还是生活，无论是经营亲情、友情还是爱情，都请你保持一份耐性。这不是一场比赛，不存在"认真了，你就输了"的情形。成熟的你终究会发现：好好说话，认真表达，会让自己的生活焕然一新。

第二章 说话是如此重要

声音是人的第二张名片

《红楼梦》第三回，黛玉进了贾府拜见贾母后，正和贾母谈论着自己体弱多病和吃药的事，听到了后院中有人笑着说："我来迟了，不曾迎接远客！"黛玉正在纳闷儿，贾府中人个个敛声屏气，恭肃严整，岂会有人如此放肆无礼，便见到了姗姗来迟的王熙凤。

作者对王熙凤的描写，先用工笔实写的方式描写她的外貌和穿着，最后一句"粉面含春威不露，丹唇未启笑先闻"点睛她的性格。这种未见其人先闻其声的写法，也是文学创作中常用的方法。

艺术源于生活，文学作品或者影视作品的表现必定是从生活中汲取的真材实料。一个人说话的方式、说话的内容、遣词造句，都是表现其个性特征的方式。说话时，第一个被他人知觉的信息便是声音，当看不到本尊时，音质、音调、语速变化都会形成某种印象。心理学家认为，形成第一印象时，38%的信息来自声音，所以说声音是人的第二张名片。

声音能反映一个人的身体状态和情绪状态，精力充沛的人说话底气十足，铿锵有力；病恹恹的人说话气若游丝，有气无力。情绪、情感、年龄、喜好等，也会从声音中体现出来。同时，一个人说话声音的高低会体现其个人素养和修为。

一次，幼婷在公司等电梯。每到下班高峰时间，写字楼里的电梯总是特别繁忙，尤其是高层梯，常常上到18层就客满，然后直接下去，幼婷站在23层等了三趟，电梯不是路过不停，就是直接从低层下去了。十多分钟后，幼婷终于等到了一趟，电梯门“唰”的一下打开时，幼婷眼前一亮。在众多男性当中，站着一位高挑妩媚的女子，幼婷偷瞄了一眼，她虽算不上绝色，但也是个大美女。

“从来不知道，楼上公司还有这么一号人物”，脑子里带着问号的幼婷进了电梯。门“呼”的一下合上了，幼婷贴着门口的角落站好，大略打量了一下电梯里的情况。在最里面站着的都是西装革履的男子，一个个疲惫不堪的样子，想必是工作不力，又被上司责骂了。他们是楼上一家证券公司的职员，幼婷经常能在电梯里碰到他们。美女身边则是两三位女性，她们应该是好友，电梯开门，有人进来时，她们几个人窃窃私语，而且互相照应。不得不承认，有这样一个女子站在人群中，其他不管男人还是女人，通通变成了路人甲，光芒都被她占去了。

电梯一层层地下降，几乎每一层都会停一下，走走停停，搞得幼婷头晕乎乎的。终于到了一层，幼婷本想快点儿出门，没想到被美女一行人抢先了一步，美女呼朋引伴地走出电梯，大声地招呼着等在大厅里的朋友。听到她说话，跟在后面的幼婷大吃一惊，她的声音沙哑而粗粝，音调很高，而且语态粗俗，不时地蹦出一句脏话。幼婷诧异地看着美女一行人走出旋转门，心中一阵惋惜：这么美的女子，上天竟然只给了她一副好皮囊，没有灵魂就算了，连一副好嗓子也如此吝啬。

科学家的研究发现，人们对声音是有偏爱的，女性偏爱声音低沉、雄厚的男子，男性偏爱嗓门儿亮的女子。针对非洲坦桑尼亚的一个部落的研究证明，声音低沉的男子比那些声音高亢的男子更具有吸引力和繁殖能力。科学家这样解释，女性认为低沉的声音代表男性健康、权威、有男子气概；而男性喜欢女高音，他们认为这样的女性更具有吸引力，有女人味和青春活力。

嘉宇对自己的声音魅力有着亲身体会。上中学开始，嘉宇就因为声音好听而在学校里备受喜爱。他的声音属于中低音。十几岁时听起来，就有点儿年少老成的味道。嘉宇是学校的广播站站长，经常代表班级参加校内的演讲比赛，有时还会代表学校到区里参加比赛。

因为有一副天生的好嗓子，嘉宇爱上了唱歌，他买了大量的唱片，边听边学，还刻意模仿港台歌手的腔调，梦想有一天成为新一代的情歌王子。为了这个目标，嘉宇还报名参加过电视台举办的歌唱大赛，可惜连初赛都没通过就被淘汰下来了。

做了几年明星梦之后，嘉宇因为成绩不佳，没能升入大学，父母不想让他继续做白日梦混日子，遂将其送到了技校，学习理发的手艺。嘉宇没有心情学什么理发，他还在梦想着有一天星探能够听到他的好声音，将他签到唱片公司做歌手呢。

长期的反叛让他和父母的关系特别糟糕，终于有一天，嘉宇决定放弃学业、逃离父母、逃离让他梦想破碎的地方。他跟着女朋友从河北来到桂林——女朋友的老家。一个20岁出头的小伙子，身无分文，不认识一个朋友，只有一门学了半吊子的手艺——理发。嘉宇想要和女朋友过上幸福的生活，首先就要想办法生存下来，嘉宇花了一千多块钱，置办了两把专用电吹风、几把椅子、墙壁镜和一些简单的工具，又向女朋友的表姐借了一间空置许久的小门市，草草准备一番，嘉宇的小理发店就开起来了。

在大陆最南端的城市，背井离乡、举目无亲，嘉宇的理发手艺也不是最好的，和本地人开的理发店相比，嘉宇没有任何优势。好在他操着一口京味儿普通话，在这个略显偏僻的南方城市，从嘉宇嘴里出来的北京味儿特别受欢迎。不少顾客因为爱听他说话而光顾，女孩子则偏爱他的男低音，觉得他讲起笑话来特别性感。

嘉宇很快就意识到这一点，晚上回家后，他还会特别搜集些笑话、相声段子背下来，第二天说给客人听。慢慢地，街坊邻居一传十、十传百，都知道街角处有一家理发店，老板是一个风趣、幽默的小伙子，不仅爱说话，声音还特别好听。就这样，嘉宇顺利地度过了初来乍到的第一年，理发店的生意越来越好，他和女朋友的幸福生活也有指望了。

声音是带有能量的，温婉的声音让人觉得安心，产生信任感；甜美的声音让人愉悦，乐于倾听；低沉而富有磁性的男低音通常是性感的象征；小女子娇滴滴的声音，常常让男人升起保护欲。声音是人的第二张名片，也是一个人个性的一部分，日常生活中，如果能够充分运用声音的优势，会给生活和事业带来好运，将真实的感情融入声音中，亲切地传递给对方，便在无形中塑造了自我形象。

说话从支支吾吾开始

你有想过这样的问题吗？人类是从什么时候开始说话的？最开始说的是哪种语言？讨论的是哪方面的问题？谁第一个讨论天气？又是谁第一个开口赞美异性？既然人类是从大猩猩进化来的，那我们的祖先最开始说的难道是“猩猩语”？

没有人知道，人类的祖先是从什么时候开始开口说话的，最新发现的古化石证明，180万年前的人类祖先已经开始用话语交流了，那时候没有系统的语法、发音，人与人之间的交流更近似乱吼乱叫，就像今天的狗叫、狼嚎一样，先人们谈论的自然是和打猎、天气、洞穴、食物有关的话题。

第一个研究这个问题的人是来自苏格兰的蒙波多。1773年，蒙波多出版了有关人类起源的著作。他认为，人类是从鸟类那里学会说话的，鸟类的语言和人类一样，有音调、有节奏，单个音符没有意义，组合在一起才能表达含义。而且，人类和鸟类都用大脑的左半球控制语言。

后来，美国斯坦福大学的遗传学家认为，人类最初的语言是咂舌。他们的研究对象是非洲坦桑尼亚的部落，部落中人的语言有类似打响指、吧唧嘴的声音，这占据全部语言的40%。在其他部落也发现了类似情况。

按照这个假设，人类的语言是从猴子那里学来的，弹指、咂舌声向来是猴子的特长，这些声音后来进化为语言中的辅音，猴啸则被人类发展成元音。德国哲学家赫尔德则认为，人类的第一批单词来自疼痛、愉悦，是对各种情绪的自然反应。

说话是一项非常难学、复杂的运动，和练习小提琴、学杂技差不多难度，因此，小孩子需要用近10年的时间才能修炼到成年人的说话水平。

人类说话的能力是从10万年前声道的进化开始的，人类的嘴变得越来越小，不再向前突起，舌头开始变灵活、受控制，脖子开始变长。脖子变长使舌头下移，喉咙也下移，喉咙处准备了足够的空间，作为声音的发声器。但这样的进化也有缺点，进食时食物路过喉咙，很容易卡在那里，堵塞临近的呼吸道——人之所以会被噎死，便是源于此。

大多数人说话的时候都没有意识到，说话是人类独有的能力。现代人类能处理各种语言、语法，通过一系列的声音和音调，运用数以万计的词汇进行交流。人类的发音器官不外乎肺、喉咙、口腔、舌头和嘴唇，和黑猩猩相比，人类有更长的喉咙、更小的嘴，因此人类能唱歌剧、打电话，而黑猩猩不能。

对比人类的嘴唇和动物的嘴唇，一个重要的区别是人类的嘴唇是外翻的，自然界的其他动物都不是这样的。即使是大猩猩、黑猩猩这样的人类近亲，它们闭上嘴巴时，嘴唇的表面是看不见的，只有人类的嘴唇才显露在外面，给人以柔软、丰满的感觉。

为什么人类会长出这样的嘴唇呢？答案在人类的进化之

路上。大猩猩的胎儿在16周时，嘴唇和人类嘴唇特别相像；胎儿发育到26周时，嘴唇特征消失不见，外翻的嘴唇缩了回去，就像它们的父母亲，当胎儿逐渐长大，它的嘴唇终身保持内缩状态。

人类的胎儿则始终保持外翻的嘴唇，出生后，父母很快就注意到婴儿肥嘟嘟的嘴唇，婴儿用这双肥嘟嘟的嘴唇吸食奶水。而大猩猩的婴儿无法用嘴唇发力，需要用下颚的肌肉力量吸食奶水，因此，大猩猩的婴儿吃奶时，就像人类在挤牛奶。从外观上看，女性的嘴唇比男性更突出、隆起，在现代审美中，越是丰满的嘴唇越给人性感的印象。

话不只用嘴说

说话和听话，虽然属于言语交流，但是人们注意到的不仅仅是对话中的语言，还有相伴的表情、眼神、手势和语气。有时候，这些表情变化、肢体变化，甚至比语言本身更具有说服力，面对说谎者时，听他说什么不重要，看他的表情、眼神、肢体动作，更能看穿他的谎言。

人在感觉舒服、安全的时候，会露出笑容、两眼发光，如果内心喜悦，还会不经意地舞动手脚、扭动肢体；人在受了委屈的时候，常常会大声啼哭。如果一个孩子瘪起小嘴，通常代表他要开始哭了；一个人在劳累时，则会对人爱搭不理，时不时地打哈欠，对外界的变化不再专注，或者干脆一个人躲起来，好好地睡上一觉；在感到愤怒时，人会咧嘴，上唇紧紧含住下唇，横眉冷对，这时恶毒的语言也会破口而出；在感到歉意时，人则会弯腰、低头，声音变小，表情充满内疚。

玮婕爬到书架上抓猫，一不小心踩空了，从书架上掉了下来，一大摞书散落下来，连同爸爸最爱的紫砂壶一起摔在了地上。那个紫砂壶可是爸爸的宝贝，是他费了好大力气，花了大价钱才从一个内行朋友那里淘来的，买回来之后，就一直摆在书架上没舍得用，他还在用旧茶壶泡茶，被玮婕这么一碰，好好的壶摔成了两半儿。

玮婕扭伤了脚，妈妈带着她到医院打了石膏。回家时，玮婕见爸爸坐在茶几边上，手里拿着他那把已经用了十几年的紫砂壶，默默地啜饮。玮婕拄着拐杖，怯生生地走到茶几旁边，倒了一杯茶给爸爸，说道："爸，我给您泡了十几年的茶，知道您特别爱惜茶壶，所以我也很小心，生怕弄坏了您的宝贝。可是今天不知道怎么的，脚一滑就踩空了，您的壶也掉地上了，对不起。"玮婕颤巍巍地说着，脸上带着无辜和内疚，声音越说越低，低到几乎听不见。爸爸虽然生气，但看到女儿如此诚恳地道歉，便安慰玮婕说："摔了就摔了吧，人没有摔坏就好，过来让我看看你的脚……"

人在说话时，其实是动用全身各个细胞来传递信息、表达情绪的。动作、语调、表情，这些都是说话时的帮衬，能让一句话更充分地表达出来，就像是看电影，人们不仅在接收视觉信息，同时也在接收听觉信息，如果是4D电影，还会有感觉体验。人与人之间的对话也是如此，对于听话者来说，说话者的抑扬顿挫、一举手、一抬眉，都是现场直播。

高二B班的修二是班里最受欢迎的人，而他之所以最受欢迎，是因为他将“做一个受欢迎的人”作为高中生活的目标。事实上，他也的确做到了，B班的同学将他看成中心人物，在其他年级、其他班级，修二的人缘也特别好。

最受欢迎并不妨碍修二的小癖好，他在上课时最喜欢做的就是收集老师的动作和表情。老师在讲向量也好，在讲第一宇宙速度也好，修二永远目不转睛地盯着老师，用画正字的方法计算每一位老师的举手投足。

根据他的统计，语文老师一堂课会提裤子17次，最多时一堂课提了23次，大概因为那天他用了一条不太合适的皮带；数学老师是一个老太太，她的习惯动作包括扶眼镜、挥动三角尺和用拖布杆戳地，她在修二备忘录上的最高纪录是：扶眼镜34次，挥动三角尺12次，用拖布杆戳地8次。

在所有老师中，修二最喜欢记录的人是川上老师。川上老师35岁，男性，未婚，传说川上没结婚是因为他长得太老，35岁像53岁。修二则不这样认为，他觉得是“川上老师的说话方式太特别，没有女人愿意听他说话”。

川上老师讲话时的确非常好笑，他习惯一边举起右手在空中画圈儿，一边嘴里念叨着：“话不能这样说……”每次陷入和同学的辩论时，川上老师都会这样做，作为发表个人意见的开头。比如，挑选文化祭的节目时，小谷建议：“川上老师和我们一起演出吧，我们是一个师生和睦的班级，不是吗？”

另一位同学说：“和川上老师一起演出，不是像带着爷爷参加文化祭一样吗？”

川上老师连忙反驳道：“话不能这样说，爷爷是不能参加文化祭的，我是老师……”

修二建议说：“那我们投票表决吧，不同意川上老师参加的请举手。”全票，小谷被迫投降了。同学继续说：“川上老师，不好意思，这是民意。”

川上老师显得有些无奈：“话不能这么说……”

“难道川上老师想要违抗民意吗？”

“话不能这么说……”

下课铃响了，学生们瞬间作鸟兽散，只有川上老师还在画着圈儿，重复着：“话不能这么说……”

手的动作在说话时占的比重不大，但对说话效果的影响很大。手势具体、鲜明、形象，能表情达意，能让对方感受到美感，还具有特殊的功能，如聋哑人的手语。潇洒的手势会给听话人以适度、协调和美感，为说话者加分。手不随意乱动能充分显示此人稳重、文雅、得体。

站在众人面前说话的人，如课堂上的老师、演讲会上的学者、大型会议的主持人，如果不重视手势，或如石佛一般站立，或者手插裤袋，或者双手一直按在讲台上，没有任何动作，即使讲述的内容精彩，也会失去吸引力。如果运用手势不当，其效果是一样的。

说两句话，机械地比画一下或者一直重复一个习惯的动作，会使人产生单调、乏味的感觉；动作过多，三句一个招式，好像在打降龙十八掌，只会令人眼花缭乱，不得要领；如若手势过于夸张，还会让人感觉滑稽、别扭。

据统计，说话时70%的时间是不需要动手动脚的。通常情况下，需要加强语气、引人注意时，就需要手的帮忙了。在其他时间里，将手自然放好就可以。真正笨拙的事并非双手静放不动，而是无节制地运用手部动作。

对话，倾诉，侃大山

“我会说话吗？”

在这个世界上，你可能已经活了二十多年、三十多年或者四十多年，你有问过自己这个问题吗？用话语交流，是人类在漫长的进化中收获的一种技能，它是信息的传递，也是情感的交流。在某种程度上，说话还是一门艺术。说什么话、怎么说，话出口之前都需要好好想想，说话的方式能帮一个人，也能毁一个人。

同样是说话，有的人不招人待见，谁都不喜欢听他说话，不想和他聊天；有的人却非常受欢迎，身边朋友多多，大家聚在一起，不聊上几个小时就不痛快。在说话的偏好上，人人都不一致。就说话内容来说，有人喜欢谈足球，有人喜欢聊电影，有人爱说邻居的家长里短，有人爱做白日梦……谈论的内容不同，至多让彼此话不投机，一旦说话从交流变成了倾诉或者单口相声，则会让人讨厌。

姬英今年34岁，每天身着一套得体的套装，踩着十厘米高的高跟鞋，出入市中心的高档写字楼。仅从外观上看，就知道这个女子不简单。的确，姬英在一家外企公司任职中层，月薪三万，属于典型的金领一族。两年前，经过千挑万选，姬英还找到了一个学历、收入、相貌、家世都配得上自己的丈夫，在外人看来，她生活幸福、事业得意，可只有她自己知道，她有一肚子的话没处诉说。

外企公司管理严格，竞争激烈。作为上司，姬英很少和下属有私人交往，和总监、经理等人的私人聚会也是工作应酬的延伸，不仅无法敞开心扉聊天，还需要小心说话，谨慎做事，比在办公室工作都累。

姬英向来心高气傲，毕业后和大学同学的交往比较少，况且同学中没有谁混得比她好。她也不想真诚地找同学聊天，结果换来一句“贱人就是矫情”的评价，人若不能换位思考，永远不能互相理解，这一点姬英非常明白。

丈夫呢？姬英的丈夫性格很好，处处体贴、事事关心，可是他常年出差，一个月在家待不上一个星期。姬英的户口本上写着“已婚”，而实际生活和一个人的时候没什么两样，她不仅独守空房，还要一个人处理家里家外的大大小小事宜。不知道从什么时候开始，姬英觉得特别憋闷，总是有好多话要说，于是她发了疯似的找人倾诉，和朋友，甚至和陌生人。

姬英有一个特别要好的高中同学丹茗，嫁作商人妇后，生了一对双胞胎，在婆婆的劝说下，丹茗已经辞掉工作，专职做起了家庭主妇。在丹茗家里喝过满月酒后，姬英时不时地和丹茗通电话，一开始聊聊孩子、聊聊各自的家庭生活。时间久了，姬英开始没完没了地跟丹茗讲公司的事。

在整个通话过程中，丹茗只顾哼哈答应，直到孩子哭了需要喂奶，一通电话才算结束。时间久了，丹茗很少接她电话，或者以孩子哭闹为由没说几句就匆匆挂断，姬英少了一个倾诉的对象，只好另觅他处。后来，她找到了一个好去处——酒吧。

脱下得体的职业装，浓妆艳抹，扮成寂寞买醉的风情女子，端两杯加冰威士忌随便凑到谁身边，请对方喝一杯，换来几个小时肆无忌惮的聊天，姬英觉得这个方法不错，不跳舞、不喝酒，只是想找人倾诉。她可以毫无顾忌地对着陌生人说同事的八卦，诅咒压榨她的上司，大倒寂寞难耐的苦水，有时碰到和她有相似经历的人，两个人能痛快地说一整晚。天亮之后，彼此说拜拜，各自衣着得体出入写字楼。

这样的状况持续一年多后，姬英变成了一个倾诉狂。只要有烦心事，她就会跑到酒吧喝酒，倾诉得还蛮痛快，可代价是她没有时间休息，睡眠质量也变差了。带着宿醉的头疼去上班，工作上屡屡出错，总监已经不止一次找她谈话了，如果再继续这样下去，年终奖金拿不到还是小事，她在公司的职位都变得危险了。

急需倾诉对象的人不止姬英一个人，走在路上，总会看到一个遛狗的老头儿在和他的狗说着什么；一个行色匆匆的男子，边走边讲电话，对着电话那端的人“吧啦吧啦”不停地讲话；一个青春期的少女，戴着耳机听着音乐，旁若无人地跟着唱歌……好像所有人都需要倾诉，需要找一个可以和自己说话的人。

当倾诉的愿望被压制时，心里就像一座被激活了的火山，时刻都有爆发的可能。有时在公共场合，会看到穿着体面的女子站在人群中失声痛哭，嘴里絮絮叨叨地说着什么。表面的原因是她的钱包被人偷了，或者一位疾行的男子把她撞倒在地，可根本原因呢？她只是需要倾诉，她用眼泪诉说着：“我想要说话！”可能已经压抑了许久，却没有找到最合适的倾诉方法，在公共场合的哭泣不是最聪明的办法，却也很管用。

生活压力大，每个人都被社会大环境的快节奏推着走，快速的生活和变化让人与人之间难以建立长久的、亲密的关系，每个人都渴望被关心、被听见，可是大多数情况下，我们只能选择沉默不语，或者干脆像姬英那样找陌生人倾诉。

在说话中，有人倾诉就要有人倾听，如果对话双方，一个人一个劲儿地说，另一个一味地听，显然是不公平的——没有谁甘愿永远只做倾听者吧。所谓对话，便是两人或者多人之间的交流，每个人都能表达自己的观点和感受。很显然，单向的倾诉是无法实现交流的。相比之下，侃大山更像是对话，是人与人之间轻松的、充分的交流。

离开不过十天，公司里的事情就攒起来了，虽然交给同事代理一部分，可林牧还是不放心，所有报表都要亲自再审一遍。朋友曾经劝他说："像你这样事必躬亲，永远当不了老总。"真的应了朋友的谶语，这一次内部选拔又没有林牧的份儿，老总找他谈话，美其名曰："还是要把你放在公司最重要的位置上，市场部归你管，我才放心。"

连着加班三天，积压的工作还是不见头绪。每到这个时候，林牧就特别想见朋友，一起"嘻嘻哈哈"地喝酒聊天，昏天黑地地侃一个通宵。林牧非常幸运，毕业许多年依然和大学时期的校友混在一起，虽然各自忙碌，但忙里偷闲时，几个人还能喝酒小聚，这是他在心情不爽时最大的安慰。

三个人天上地下地侃了三个小时，不知不觉间喝了一打啤酒。酒足饭饱，话也说得差不多了，林牧的坏心情一去不返，虽然周一起床还要面对堆积如山的工作，但是这一刻他感到轻松而惬意。

巧舌功夫之男生女生

下班后回家，工作了一天累得要死的家辉把包放在地上，袜子随手一扔，竟自躺在了沙发上，女朋友沫子亲切地问候道："亲爱的，你回来了，今天过得好吗？"

"还好。"家辉含糊地回了一句。

"策划案通过了吗？老板有没有夸奖你呀？"

"嗯。"

"新来的主管没有为难你吧，你不是说他不想让你参加吗？"

"没有。"

见家辉回答得非常没有兴致，沫子从厨房走出来，看到地上的公文包和袜子，沫子不高兴地说："说过多少次，公文包不要放在地上，袜子脱了收起来，你怎么就是记不住呢！"说着，沫子把公文包放在沙发上，袜子放进了洗手间。

"我知道了。"

沫子脱下围裙，气呼呼地坐在沙发上："知道，知道，说了多少次都是这个样子，我的话你从来都听不进去。"

"我都说知道了，你听不见哪！"

沫子瞪着家辉说："知道就知道呗，凶什么凶？"

"我没凶啊！"家辉一脸无辜地否认。

"你从来就是这样，每次都不好好听我说话，没说两句就凶我。"

"我哪有？"

就这样，家辉和女友又吵了一架，之后陷入冷战。两个人在家里见面不说话，当彼此是透明人。家辉觉得烦闷，披了一件外套出门，打电话给哥们儿CC，叫他一起去喝酒。家辉提着半打啤酒来到约好的球场，“郁闷的时候，大汗淋漓地打场球，就什么都忘了”，这是CC的建议。两人在球场奔跑了近一个小时，CC累得气喘吁吁，坐在地上动也不动了。家辉喝了一口闷酒，一脸严肃地对CC说：“问你一个深刻的问题。”

“什么问题？”

“女人到底想要什么？”

“我怎么知道，我如果知道就不会坐在这里喝酒了。”CC启开一听啤酒，两个人无言对饮。

与此同时，女友沫子打电话给姐妹淘小雯，在电话中抱怨：“家辉他根本就不爱我，每次都不听我说话……”

小雯安慰她说：“我觉得家辉已经很好了呀，我男朋友更离谱呢。”

“你男朋友也像他一样吗？回到家就喊累、东西乱丢，坐在沙发上一动不动，好像石化了一般，一点儿家务活儿都不帮忙。吃完饭也是，继续窝在沙发上看电视，跟他说两句话就一副要死不活的口气，可一到巴萨比赛，即使凌晨2点也不睡觉，大半夜对着电视嗷嗷叫，那会儿他也不喊累了，真不知道他怎么想的。”

其实，家辉和沫子吵架，每次都是因为言语不和，他们好像有点儿气场不对，话说多了肯定吵架。很显然，沫子只是有表达的诉求，单纯地想找个人说说话，但是在家辉看来，她是在征求答案，询问他的意见。当家辉给出意见时，沫子会觉得，“我并没有想要你的答案哪，我只是想告诉你我的感觉”。这便是男女说话时的不同逻辑。男性听到的是话语的表面意思，而女性强调的是感觉。当沫子说“你从来都是这样……”时，家辉想要证明他并不是“每次”都这样。两个人争论的焦点完全不同，对话怎么可能顺利进行呢?

说起来，男人和女人根本不是同一个世界的生物，男人沉默地陪着女人逛街，却对着电视里的球赛大喊大叫；男人记得住NBA每一个球员的名字，却永远记不住两个人的纪念日；女人话多得不得了，喜欢逛街购物，没事儿就找三五好友聊天，可是她们说话没有重点，一个话题还没说完就岔到另一个话题去了。男人和女人的对话就像是火星语和金星语，完全不能互相理解。

有这样一句话概括男女之别：男人擅长数理推演，女人专精语言记忆。据统计，女人一天能说两万到三万字。如果女人在工作中说的话比较少，假若只说五千字，那么剩下的两万多字就会被带回家说给家里的男人听。男人说话是为了解决问题，女人说话是为了说话。当这两种思维逻辑撞上时，就会有“悲剧”发生。

这种差别可以追溯到几万年前，那时候，男人外出打猎，女人留在洞穴里照顾老人和小孩儿，她们也会采集野果和野菜，语言让妈妈们彼此交流、分享信息；男人追赶猎物时则不能交谈，否则会惊吓猎物，他们需要静静地等待、伺机而动，然后准确地杀死猎物，如果猎物逃跑，男人则要用最快的速度追上它。由此男人沉默寡言，擅长空间推理，而女人则偏爱采集（购物也是采集的一种），喜欢不停地用语言交流。

在语言能力方面，男人永远赢不了女人，从生理条件上，女性就比男性占据优势。心理学家对男孩儿、女孩儿的大脑语言区做了核磁共振研究，结果发现：女孩儿大脑语言区的反应能力比男孩儿强。获取语言的信息之后，女孩儿的大脑会将这些信息立刻反映到大脑中，男孩儿则倾向于关注从视觉上获得的信息，以文字的方式传递信息给男孩儿会更有效。这种优势和原始男子需要快速移动，通过视觉判断周围环境的信息有关。

这个实验可以解释为，男性依靠形象思维理解语言，女性则依靠抽象思维理解语言。如果一位女性跟你问路，你应该多给出一些解释，如“从街角处左转，在一间便利店的楼上便是药店了”；如果是一位男性问路，直接告诉他“在街角左转”就可以了，太多的信息会让男性感到迷惑。

有鉴于此，女人也不要对男人，尤其是自己的男人太过苛刻。当他在打电动或者看球赛时，“我跟你说，我今天在街上遇见××了……”这样的话头就不要起了；如果你有困难，可以以“帮我个小忙，好吗？”开头，然后开始对话；如果从“我今天衰到家了，为什么所有倒霉的事情都发生在我身上……”开始，对方可能搞不清你到底想要表达什么，因为女生在表达“倒霉”这种感受，男性却理解为她在寻求安慰的方法。如果只是表达感受，大可以“接下来，你听我说就好”开头，如果男人清楚你想要什么，他或许不会陪你说什么，但他会是一个不错的倾听者。

说出来的性格和能力

每个人都有自己的说话方式，固定的说话方式会成为一个人的性格标签。有的人说话客气、委婉、礼貌周到，却给人距离感，让人不易亲近；有的人说话恶毒、态度强势，时刻带着拒绝和冷淡的表情；有的人热情温婉、彬彬有礼，给人温暖和关怀。

有的人说话时喜欢引经据典，张口闭口就是中外典故，显得博学多才，渴望得到他人的关注；另外有一些人与人说话时，时不时地蹦出两句英文，给人有学问、有见识的印象，当然也可能是反面——他不过是在虚张声势，掩饰内心的不自信和紧张。说话时，习惯将“我妈说”“老师说”“××专家说”挂在嘴边的人，谦虚、谨慎，能够接纳别人的建议，但是内心幼稚、缺乏主见、依赖性强。从一个人说话时的速度、措辞、语调就能看出一个人的性格。

简单直接的人具有吸引力，但不是每个人都喜欢，有的人直接，但是能够让人欣然接受；可有的人直接，却直接得来势汹汹，让人无法招架。

很多人喜欢直来直去、说话坦诚、不拐弯抹角的人，和这样的人做朋友，心里会特别踏实。从心理学的角度分析，性格直爽的人常常让人将其和孩子联系在一起，他们的心灵没有受到污染，眼神依然纯真，是单纯而美好的存在。可惜，在职场中这样的性格并不受欢迎。

小孩子说话随心而发，只是童言无忌，成年人的“童言无忌”则会付出代价。有些话直来直去地说出来，说话人痛快了，听话人却非常不爽，尤其是在职场这个利益纠葛比较复杂的地方，说话毫无顾忌只会让人讨厌，好心也可能办坏事，到最后吃亏的还是自己。

第三章
深谙中庸平和之道

做一个会说话的人

拥有好口才的人，可以将语言作为一种武器去解决生活中的矛盾，与他人更好地沟通。而与之相对应的是，一个不谙此道的人，有可能会把一个并不难解决的问题复杂化，甚至造成更大的误会，给自己的工作和生活带来许多不必要的麻烦。因此，在与人交往中，做一个会说话的人，用好语言这把双刃剑，将有助于你事业的成功。

要想受人欢迎，就应当说话分场合，而且说话还要讲究分寸，懂得什么该说，怎样去适当表达。否则，就会因为不小心说错了话而给自己惹来麻烦。

富兰克林曾经说过："失误可以很快弥补，失言却可能永远无法补救。"试想一下，你是否也经常因为口不择言而让自己感到后悔不已呢？因此，在与人的交往中，一定要先动脑，再动口，在话出口之前进行必要的选择，稍微修饰一下棱角，小心使用语言这把双刃剑，这总比“亡羊补牢”要好得多。

生活中，你也许会发现，谈话过程中如果谈论对方感兴趣的话题，可以很轻易地与对方进行沟通，而且这也是一种最有效的深刻了解别人并与人愉快相处的方式。例如，你可以与对方谈论他（她）的成就、他（她）擅长的运动等；如果对方是一位已有孩子的母亲，你不妨跟她谈谈她的孩子，这就会使对方产生一种亲切的感受；如果要沟通的对象是个人，那么可以事先搜集他（她）的简历、兴趣、出生地、家族成员等资料；如果是公司的话，其经营状况、往来客户、其他的特色等，都要充分了解。

由此可见，拥有不凡的口才不仅利于人际交流，还能给人以美好的享受。所以我们应不断地培养自己的口才，掌握这种使双方都感兴趣的交谈技巧，并及时根据对方的面部表情和动作等各种反馈信息来调整自己的讲话内容和节奏等，最终达到加强与他人沟通、交流的目的，使自己成为生活中“最会说话的人”。

可见，说话要有技巧，要讲门道，从而达到让人心悦诚服，对说话的人更加敬佩、更加爱慕的效果。而要获得这种效果，一定要注意以下的这些谈话技巧。

1. 委婉表达

说话是一门艺术，懂得说话艺术的人都知道，轻话不可重说，即使有些问题一定得“说清楚、讲明白”，仍须谨记“话不可说绝”“不说最后一句重话”的原则，给对方留点儿余地，给自己留点儿口德和风度。

在交谈过程中采取委婉的表达方式，即使与对方在立场、意见上有对立的时候，谈话仍然能够愉快地继续下去。不管是上对下，或是下对上，说话的时候，稍微迂回曲折，让听的人有思考、斟酌的时间，反而能够达到“事缓则圆”的皆大欢喜的结局。

2. 学会倾听

会说话的人都有一个显著的特点，那就是会倾听别人说话。不会倾听别人说话的人，不管她多么能说，也不管她说了多少，她也始终是个不会说话的人。因为你只有学会倾听，才能真正了解对方的意图，也才会作出得体的反应。

3. 学会夸奖别人

这里并非是要我们阿谀奉承甚至曲意逢迎，而是要认真地找出对方真正值得夸奖的地方，然后真诚地夸奖对方。这样做不但给人以一种如沐春风的良好感觉，而且能使别人在瞬间对你产生好感，可谓一举两得。

4. 语意简洁明确

我们与人交谈的第一要义就是要让人听得懂、听得透，让他人明白你要表达的主要内容。忌用方言、土语，宜用普通话作为正式标准用语。在语言的表达上，应当力求简单明了，言简意赅地表达自己的观点和看法，切忌喋喋不休、啰啰唆唆。

5. 用语要有礼貌

礼貌用语是一种好习惯，能够做到彬彬有礼、以礼相待的人一定大受欢迎，拥有这种习惯的人更容易成功。使用礼貌语言可以说是一条行为准则，也可以说是提高效率的法宝。尤其是在与人沟通时，要恰当地使用文明用语，它是说话礼貌的表现之一。这些文明用语可以向别人表达感激的心情或歉意，沟通人与人的心灵，建立融洽的人际关系。实际上，这也即是我们所强调的“会说要比会办事重要”，因为会说才能更有效率地做事。

“慢”一点儿互动

当遇到情绪激动的人时，最好的解决办法就是让对方的情绪缓和下来，许多事实证明，缓解紧张的气氛主要在一个“慢”字。

所有人都知道，如果谁拨打110或119的电话，肯定是发生一些大事，如凶杀案、火灾等。那些接电话的警员和消防队员往往都镇静得跟什么事也没有发生一样，依旧用平常的口吻和打电话的人交谈，这是由于他们受过专业训练，比普通人的抗压力要强一些。

当人们慌慌张张地拨电话时，大部分人会因为紧张或害怕而变得结结巴巴，说话也没有了条理。但是，如果对方用从容不迫的口气询问，通报者也会跟着慢慢平静下来。尽管不少打电话报案或通知火警地点的人，都不太满意接线员那种事不关己的口吻，但这仅仅是一种语言策略。

原因很简单，他们的冷静自然会影响到通报者的情绪，使对方能够表达清楚。假如不这样，可能会有什么后果呢？

如果消防队员说：“什么！失火啦！在哪里？真糟糕，还在燃烧吗？好的好的，我立刻报告！电话号码！喔！不不，把地点告诉我！”

要是以这样的口气通话，通报者也许会急得连地点都说不清楚，这样势必会耽误很多时间，造成更大的损失。

在日常沟通中，也经常出现这样的事情，因此，在对方激烈地提出抗议时，最要紧的是先想办法让对方紧张的情绪缓和下来。

由于对方已经失去了理智，就算你所说的观点再正确，对方也听不进去。这时，非常有必要设置一个“瓮”，请对方慢慢钻进去。

不知你是否注意到，相声演员上台表演时，大多都一副从容不迫的样子。他们先慢条斯理地走上台，然后向四周张望一下，最后才慢条斯理地开口。虽然他们“浪费”了很长的时间，但由于大家急于想看他们表演，所以自然就不怪他们了。

在接下来的表演中，听众会专注地聆听他们所说的每一句话。

所以说，遇到情绪激动的人时，最好先不要急于反对他的意见，最好先为他们点支香烟，或倒杯茶，以便表现得更从容一些。这样，就算对方是满怀怒气而来，也会暂时熄灭心头之火。

俗话说：“伸手不打笑脸的人。”一方面，你的态度使他不好意思发作；另一方面，你的步调又与他不相配合，让他感觉十分泄气。于是，他的情绪也慢慢冷静了下来。

这就像有人上门跟你打架，假如你立刻跳出来，双方无疑会大打出手。相反地，如果你给对方搬张凳子，或递上一支烟，对方也就无法再坚持敌对状态。而且，你不过善尽主人之道，言语上又没有低声求饶，自然算不得丢了颜面。不管从哪方面来看，都有必要采取这种话语技巧。

保险公司都有一个专门处理车祸的部门，主要由一些口才不错且善于把握人心的高手坐镇。当有人怒气冲冲地上门理论时，他们的动作总是不紧不慢的，连答话也是慢条斯理，这样一来，激动的对方很容易被他们控制住情绪。

等那些人的情绪不再激动时，说服语言才能显出它的威力。假如你对一位极其愤怒的人大谈特谈、用尽心机，也许说多少都无法达到预期效果。由于对方一直沉浸在自己的愤怒之中，根本没有工夫来品味你的语言艺术。结果只能是对牛弹琴，白白浪费唇舌与心机。记住，他越急，你要越不急。

假如能先让对方情绪平静下来，你的说服差不多也就成功了一半。

沟通也是一门学问

要想建立良好的人缘，并且通过良好人缘来促进你的事业，一定要懂得沟通。这里，沟通的技巧不光是一门学问，更是一门艺术。

据有关研究表明，善于沟通的人通常具有以下特征：聆听多于表达，尊重他人隐私，不过于谦虚，犯错误时勇于承认并坦诚道歉，不给自己的不当行为寻找借口，不故意过分讨好他人，珍惜自己和他人的时间。而不善于沟通的人个性特征主要有：不懂得尊重他人，以自我为中心，过于看重功利，过于依赖他人，以及忌妒心强，自卑、偏激、退缩，内向不合群，对外界充满敌意等。

在生活中，沟通离不开语言这个有力的工具，熟练掌握语言的艺术，有助于你获得好的人缘，而好人缘则是你走向成功之路的关键因素。

有一位女士，她性格偏于内向，不怎么爱说话。可每当有人就某件事情向她征求意见时，她说出来的话总是特别“刺”人。

有一回，办公室的同事穿了一件颜色鲜亮的新衣服，别人都称赞说“漂亮”“合适”之类的话。但当人家问她感觉怎样时，她却直接回答说：“你身材太胖，这件新衣服不适合你，并且颜色太艳了，跟你的年纪很不相配。”

这“直爽”的话一说出口，便弄得当事人十分生气，而且其他称赞衣服好看的人也显得很尴尬。这使得当事人和周围的同事在以后的场合里，都不由自主地把她排除在集体之外，很少有人再就某件事情去征求她的意见。但这个同事却仍旧没有觉察到这种状况，即使偶有需要听取她的意见时，她仍是又把他人最不愿意听的话给说出来，以至到现在，全公司里几乎没有人愿意主动搭理她。

可见，在我们日常工作与生活当中，不讲究谈话技巧就直截了当地指出别人的不足之处，这种做法明显是不受人欢迎的。要知道，这世界上没有任何人是完美无缺的，所有人都或多或少存在自己的缺陷与短处。当你要“如实”揭别人短的时候，要想想自己的短处，这样就会在说话时适当有所保留。给他人留一分面子，就等于给自己留一条后路，也就是给自己创造良好人缘。

小兰是个很热情的人。前些天，她参加一次同学聚会，一个同学无意间向她提起，某商场正在准备设立一个饰品柜台，具体工作由他负责。说者无心，听者有意，小兰偷偷到商场看了一下，预计设立柜台的地方在商场的位置极佳，可谓寸土寸金。

小兰立即找到自己的同学，告诉他自己想承租。小兰的同学不放心，因为在此之前小兰从来没有做过饰品行业，更没有那么雄厚的家底儿。小兰悄悄告诉朋友，其实自己是一个饰品厂家的代理人，铺货是免费的。

同学勉强同意让小兰试试，小兰立即联系了自己精通饰品生意的好朋友，说自己已经找到了一个很不错的商场，销售绝对没有问题，只要免费铺货，她保证大家都有钱赚。大家对小兰非常信赖，不但答应给她免费铺货，还给她推荐了几个很有经验的销售人员。

柜台开张，果然是大家发财，小兰这个饰品生手也成了一个响当当的小老板。

学会沟通，善于沟通，是我们生存一定要具备的本领。假如你懂得将这种本领充分融会贯通，得心应手地运用在你的生活与工作之中，你会发现，你原来也是颇受他人欢迎的人。更为奇妙的是，从此以后，原来你一个人感到束手无策的诸多问题，现在轻易就可以得到他人的热心相助。你的生活将处处充满灿烂的阳光，事业更加顺心如愿。

事实上，你的社交活动越频繁，你在社会上成功的概率就越高。若能与各种人物广交朋友，并让他们乐意为你提供各种帮助，你还有什么事情办不成呢？

让对方产生满足感

一次，老王约了几个朋友来家里吃饭，这些朋友彼此都是非常熟悉的。之所以把大家聚拢来，老王主要是想借着热闹的气氛，让一位目前正陷入低潮的朋友心情好一些。这位朋友前段时间因经营不善而关闭了一家公司，妻子也因为不堪生活的压力，正跟他谈离婚的事，内忧外患，他实在痛苦极了。

来吃饭的朋友都了解这位朋友眼下的遭遇，大家都避免去谈跟事业有关的事，可是其中一位姓赵的朋友因为这两年赚了不少钱，几杯酒下肚，忍不住就开始谈自己的赚钱本领和花钱功夫。他那种得意的神情，连主人看了都有些不舒服。

那位失意的朋友始终低头不语，脸色特别难看，一会儿上厕所，一会儿去洗脸，后来他猛喝了一杯酒，就借口有事离开了。主人送他出去，在巷口，他愤愤地说："老赵会赚钱也不必那么神气地炫耀哇！"

老李了解他的心情，因为多年前他也遭遇过低潮，当时正风光的亲戚在他面前就曾炫耀过薪水、年终奖金，那种感受，就像将针一根根插在心上一样，别提有多难受了。

有的人喜欢在别人面前炫耀自己，总觉得这样就会让人高看自己，让别人敬佩自己。殊不知，没有人愿意听你吹牛，尤其是跟自己处于同一水平的人。

假如不想失去同事或客户，那你必须时刻注意把得意放在心里，而不是放在嘴上，千万不要将一时的得意当作炫耀的资本，那样只会令你失去得更多。

法国哲学家罗西法古曾说：“假如你要得到仇人，就表现得比你的朋友优越；假如你要得到朋友，就要让你的朋友表现得比你优越。”当我们给同事吹牛的机会，让同事表现得比我们优越时，他们就会感觉自己得到了肯定，但是当我们向同事炫耀自己的优越时，他们就会产生一种自卑感，甚至对我们产生敌视情绪。

在职场中，那些胸怀豁达的人往往能赢得更多的知己，相反，那些小看别人、高看自己的人，通常令大家反感，在交往中也容易四处碰壁。

方先生是一位很有人缘的人事部骨干，按说搞人事调配工作很容易得罪人，可他却是个例外。当初，他刚到人事局时，在同事中几乎连一个朋友都没有。因为那时他正春风得意，对自己的机遇和才能骄傲自满，所以每天都使劲儿吹嘘自己在工作中的成绩，诸如每天有多少人找他帮忙、那个几乎记不清名字的人昨天又跑来给他送礼，等等。谁知同事们听了之后不仅不赞赏，而且还一副怏怏不乐的神情。

后来，还是借由当了多年领导的老父亲点拨，方先生才意识到自己的问题到底出在哪里。从那以后，他很少谈自己而多听同事说话，因为他明白大家也有很多事情要吹嘘，跟听别人吹嘘相比，把自己的成就说出来更令他们兴奋。

在之后的工作中，每当跟同事闲聊时，他总是先请对方滔滔不绝地展示自己的优越感，只有在对方停下来问他的时候，方先生才轻描淡写地说一下自己的情况。过了一段时间，有几位同事跟他成了不错的朋友，大家在一起工作得十分愉快。

有一位心理学家说："你的得意只会衬托出别人的倒霉，甚至会让对方觉得你炫耀自己就是嘲笑他的无能，让他产生一种被比下去的感觉。尤其是失意的人，你在他面前炫耀，他会更恼火，甚至讨厌你。"因此，我们必须适当地抑制自己的优越感，收敛锐气，学会谦虚，只有这样，我们才会受到别人的欢迎。

讷于言而敏于行

一般而言，对话是由双方构成的，每一方都承担着双重的任务——说与听，你的"说"是为了对方的"听"，同时你的"听"也是为了对方的"说"。那么在这"说"与"听"两者之间，究竟哪一方对维持说话有着更重要的意义呢？答案是"听"。因为通过"听"，你才能够对对方有更多的了解，明白对方的需求，并以此决定应该向对方说些什么、该如何去说等一系列的问题。因此，做一个好听众也是非常重要的。

古希腊有这样一句民间谚语："聪明的人，借助经验说话；而更聪明的人，根据经验不说话。"中国也流传着这样的话："讷于言而敏于行。"它们均向我们昭示着这样一个道理：在日常的生活交往当中，应尽量少说话。

美国汽车推销之王乔·吉拉德曾经有一次深刻的体验。

有一天，某位名人来向乔·吉拉德买车，于是吉拉德推荐了一款最好的车型给这位名人。那个人对车很满意，眼看交易就要成功了，名人却突然变卦了，一单生意就这样泡汤了。

吉拉德为此事懊恼了一个下午，他百思不得其解。到了晚上11点的时候他忍不住打电话给那位名人："您好！我是乔·吉拉德，今天下午我曾经向您介绍过一部新车，当时您已经决定要买下车了，但是为什么又突然走了呢？"

"喂，你知道现在是什么时候吗？"

"非常抱歉，我知道现在已经是晚上11点了，但是我自我检讨了一个下午，实在想不出自己到底错在哪里，因此特地打电话向您请教。"

"真的吗？"

"肺腑之言。"

"很好！那么你用心在听我说话吗？"

"非常用心。"

"但是今天下午你可没有，你根本没有用心听我说话。就在签字之前，我提到我的孩子吉米，他即将进入密执安大学读医科，当时我还很自豪地提到他的学科成绩、运动能力以及他将来的抱负，我以我的孩子为荣，但是你对这些话却毫无反应。"

吉拉德确实不记得对方曾说过这些事，因为他当时认为这笔生意已经谈妥了，所以他不但没有认真听对方说什么，反而在听办公室里的另一位同事讲笑话。这就是吉拉德失败的原因：没有做一个好听众，最终失去了一单大生意。

做一个好的听众不仅是对说话人的尊重，也是讨人喜欢的一个很重要的方式。从某种角度而言，听比说重要得多。这是因为，会说话的人总会给人留下一种较为聪明的印象，而会听话的人尽管不像会说话的人那样引人注意，但却能给人一种亲切、平易近人的感觉，与会说话的人相比，他们更具有吸引力。一般来讲，人们都渴望成为一个聪明的人，却不喜欢与聪明的人交往，而更愿意接近那些亲切并给人以关怀的人。由此可知，会听话的人比那些会说话的人更得人缘。而认真倾听对方的话语，则是尊重对方的前提。

卡尔在纽约出版商格林伯主办的一个晚宴上遇到了一位著名的植物学家。卡尔以前从来没有跟这位植物学家谈过话，但卡尔发现这个人很有意思，便专注地坐在椅子上倾听植物学家谈论大麻、印度以及室内花园等各项见闻，当植物学家知道卡尔自己有一座室内花园之后，还耐心地教卡尔如何解决植物生长的难题。

几个小时过去了，午夜来临，卡尔向宴会上每个人道了别，然后便走了。那位植物学家转向宴会的主办人说了几句赞美卡尔的话，说卡尔是“最有耐心”的人。

后来，格林伯将这句话转达给了卡尔，听到这个评价之后，卡尔很不理解。其实，植物学家是因为卡尔做到了专心地倾听，对植物学家的谈话表示出了兴趣，所以才有此评价。

专心地听他人讲话，当一个称职的听众，是人们所能给予别人的最大赞美。杰克乌弗在《陌生人在爱中》写道：“很少有人经得起别人专心听讲所给予的暗示性赞美。”由此看来，要想获得好人缘，最简单的方法就是做一个好听众。当你认真耐心地听完别人讲话时，别人自然而然就会对你有好感。

总而言之，开口之前应该善于倾听，只有做一个会听话的人，才能避免乱说话，进而赢得周围人的认可。

别诡辩，要勇于承认自己的错误

任何一个愚蠢的人，都会尽力辩护自己的过错……而一个能承认自己错误的人，却可使他出类拔萃，并且给人一种尊贵、高尚的感觉。所以，如果你错了，迅速、郑重地承认下来。

一次，卡耐基带着他的宠物狗“雷克斯”在公园里散步。他见到公园里人很少，于是便解开了雷克斯脖子上的皮带和口笼。但碰巧这时一个骑着马的警察巡查过来，他看到卡耐基的狗，便大声说：“你让那只不戴口笼的狗在公园乱跑，难道你不知道那是违法的？”

卡耐基柔和地回答说：“是的，我知道，不过我想它不至于会在这里伤害人的。”

那警察听了，脖子挺得硬硬地说：“你想，不至于……可是法律可不管你怎样去想……你那条狗会咬伤来这里的儿童，也许会伤害这里的松鼠。不过这次我宽容了你，下次让我看到你那条狗不拴链子，不戴口笼，你就得去跟法官讲话了。”卡耐基点点头，答应遵守他所说的话，并且对警察的宽宏大量表示感激。

但后来又有一次散步的时候，雷克斯似乎非常不愿意戴上口笼……于是卡耐基决定碰碰运气。起初安然无事，但到了一座小山上的拐角处时，卡耐基一眼就看到那个骑马的警察……

雷克斯却蹦蹦跳跳地直往警察那边冲去。这下卡耐基知道事情不妙了，所以不等那警察开口，他自己先说了："警官，我愿意接受您的处罚，因为您上次讲过，在这公园里狗嘴上不戴口笼，那是触犯法律的。"

那警察听了卡耐基的话先是一愣，原本他打算要教训这个屡教不改的家伙的，但现在他决定用一种柔和的语气和他说话了："哦……我晓得在没有人的时候，带着一只狗来公园里走走，是蛮有意思的！而且像这样一只哈巴狗，不可能会伤害人的。"

卡耐基却显得很认真地说："可是，它可能会伤害了松鼠！"

"那是你把事情看得太严重了……我告诉你怎么办，你只要让那只小狗跑过山，别让我看到，这件事也就算了。"这样，卡耐基通过主动承认错误反而规避了惩罚。

试想，如果当时卡耐基和多数人一样和那个警察争论、辩护，那所取得的效果跟现在就会完全相反。在别人责备你之前，快速地找个机会承认自己的错误，甚至对方想要说的责备的话，你已替他说了，他就没有话可说，那你十有八九会获得他的谅解。

18世纪法国伟大的思想家、文学家卢梭，他在少年时，曾经将自己极不光彩的盗窃行为转嫁在一个女仆的身上，致使这位无辜的少女蒙冤受屈，并被主人解雇。后来就是因为这件卑鄙龌龊的行为，使他深深地陷入痛苦的回忆中。他说："在我苦恼得睡不着的时候，便看到这个可怜的姑娘前来谴责我的罪行，好像这个罪行是昨天才犯的。"

后来，卢梭在他的名著《忏悔录》中，对自己做了严肃而深刻的批判。他敢于把这件“难以启齿”而抱恨终生的丑事告诉世人，这也显示了他勇于忏悔的坦荡胸怀和不同凡响的伟大人格。

罗曼·罗兰曾说：“在你战胜外来敌人之前，先得战胜你内在的敌人；你不必害怕沉沦与堕落，只请你能不断地自省与更新。”所以当发现自己有错误的时候，我们何不先责备自己，找出自己的缺点，那是不是比从别人嘴里说出的批评要好受得多?

投其所好，搭建一座心灵的“桥梁”

我们都知道，跟抱着戒备心的人不容易交流，因为对方心里有这样的想法：“那个人和我完全是两个世界的人。”这时，我们应该投其所好，搭建一座心灵的“桥梁”，让对方知道你跟他是一样的。

1500年前，唐朝围棋名手壬积薪曾创立“围棋十诀”，其中有一诀叫作“势孤取和”，意思就是在自己力量不够，不足以和对方抗衡的情况下，最好先跟对方和解或先顺对方的意，在避免和对方正面起冲突的前提下，等待最佳时机的到来。

对话或谈判时也是这样，假如对方的实力比你强，或者对方十分坚持自己的立场，情势上不允许你强出头，你最好不要正面反驳对方。这时，你该明白一点，对方就像是一面墙、一把剑，如果正面冲过去，免不了会受皮肉之伤，甚至造成不可收拾的后果，即对方拒绝和你进行沟通或者彼此形成敌对的态势。

这时，你不妨运用“投其所好”的策略，先不急着否定或反对对方的主张，先和他站在同一立场，然后再根据他的看法，加上你自己的建议，如此一来，对方便会心甘情愿地把剑收回去，把墙挪开。

举例来说，当对方对你说：“尽管我们公司很想买升级电脑，但最重要的是费用上的考量。”你就可以如此回复：“我了解贵公司有费用方面的考量，所以我才会提这样的建议，让贵公司使用升级电脑，不仅处理速度快，还可以搭配更多应用软件，使人事费用和其他业务成本可以大大降低。从长期来看，贵公司反而可以省下更多经费呢。”

结果，对方也发现原来可以省更多费用，很可能马上答应签约。

这个案例非常典型。推销员采取了让对方出乎意料、意想不到的策略，他竟然会同意客户的看法，而且居然跟客户站在同一边。由于成了同一国的人，客户往往很难拒绝跟他合作。这是一种很常用的说话技巧。

同样的策略，我们也可以运用在公司内部。每个公司少不了几个比较顽固或激进的员工，这时，身为上司的你完全可以跟下属这样说：

“你的建议我非常赞成，我也很愿意支持你去做，但是，只要出现任何差错，我这个支持者就会失去立场，甚至要担起责任，到那时，可能没人敢再支持你了。”

这样一来，激进的下属考虑到可能会连累你，应该会静下心来反省自己；或者，对自己很有信心的下属，在实施这个你全力支持的任务时，会非常小心，以免失去你这个重要的支持者。

在理性回应的同时，我们也应该学会用心理学技巧来应对，那样对对话效果会有很多助益。

假如你发现对方的情绪有点儿不稳时，或者答非所问、鸡同鸭讲，你可以暂时偏离主题，姑且聊聊另一个不同的话题，先缓和一下紧张的情势，以免对方的情绪越烧越旺，等火势稍减，再找机会返回正题。

从语义学和心理学的角度来分析，这时你最好多用一些中性的、比较不刺激的转介词，这对降低对方的敌意和情绪化反应非常有利。像“话虽如此、果真如此、确实如此”等词语，都具有这样的作用。

我们的立场是一样的，只要对方有了这一认知，他便不会再拒绝你。因为互相之间不存在戒备心，所以能真心地彼此分享、彼此鼓励。

内行的推销员去拜访客户时，一进门就会先寻找和这家主妇共同的话题——就算是极小的东西，也能作为谈话的开端。比如看见花瓶中的玫瑰花，便脱口而出说：“这玫瑰花好漂亮，我最喜欢花……”简单的几句话，就可以让客户感到双方是站在同一边的。

第四章 如此说服最好

询问之前坦白自己

每一次认识新朋友时，柏蔓都会主动和人打招呼，笑着问候对方道："您好，我叫柏蔓，请多关照。"通常情况下，她都会听到相似的回应，"您好，我叫君豪……""您好，我叫蔷蔷……"等，有时候，也会碰到奇怪的对象，对方只冷冰冰地回答一句"您好"，然后就没有下文了，柏蔓只好接着问一句："请问您怎么称呼？"这时对方才会报上自己的名字。

柏蔓第一次见到书宁，就遭遇了长久的冷场，搞得柏蔓很尴尬。

"您好，我叫柏蔓，柏树的柏，藤蔓的蔓，来自企业管理专业，请多指教。"第一次在登山社的办公室见到书宁，柏蔓一如既往地介绍自己。结果，书宁只丢过来一句"您好"，就坐回去整理桌上的资料了。

"请问您怎么称呼？"

“哦，我叫林书宁。”

“shu宁，还是su宁？”由于书宁发音不准，柏蔓没有听清楚。

“书本的书，宁静的宁，林书宁。”

“哦……那您也是企业管理专业的吗？您读几年级呀？”

书宁继续低头整理：“不是，我是机械工程专业的。”

“那您读几年级呀？”

“三年级。”

“哦！”见书宁没什么兴致的样子，柏蔓只好停止连珠炮般的问题，要不然他会以为这个奇怪的人在做人口普查呢。

和书宁的第一次见面不太顺利，可慢慢交往下来，柏蔓发现他其实是一个很有趣的人，只是有点儿慢热。当他们成为无话不谈的好朋友后，重新提起第一次见面的场景，书宁常常抱怨道：“第一次见面，不用问那么详细吧！”

“只是礼貌性地介绍而已，姓名、专业，这些不是自我介绍时经常说的吗？”

“谁是那样的？我才不像你那样什么都一股脑儿地说出来呢。”

“你名字又不是很难听，为什么不自己报上来，非要等人家问？”

为了这个问题，柏蔓和书宁讨论过很多次，但是未见成效。下一次，书宁见陌生人时，还是一样的温暾，若非对方像柏蔓那样刨根问底地丢出来一连串儿问题，书宁绝对不会主动报上自己的名字，更不用说具体的自我介绍了。柏蔓总是调侃他说：“你该不会相信，随便把名字告诉别人，会被妖怪抓走吧？”

像书宁这样不肯主动透露个人信息的人有很多，尤其在英国。英国人非常强调个人空间，因此，英国人很少会没说上两句话就问对方名字。他们连自己住的房子都选在远离闹市的地方，如果旁边有邻居，则用篱笆相隔，以免房内人的生活起居被外人所知；两个英国人见面只会谈论天气，若是天南地北地侃大山，会被看成失态或者没有教养。如果一个北京人问迎面走来的英国人："吃了吗？去哪儿呀？"对方会被吓到的。

如果你想问一个英国人的名字，最好先介绍一下自己，这样看起来不会那么唐突。当然，结果很可能对方只告诉你一个姓，史密斯或者布朗。英国人的寡言并非傲慢，而是出于对他人的尊敬，担心自己的多言打扰了他人的安静。相应地，如果有人过来打扰，通常他们也不会接受，诸如家庭关系如何、收入多少、属于哪个党派、是否喜欢喝酒之类的问题，最好不要问出口，否则只会落个没趣儿。

这种性格或者做派，在商业谈判上会非常吃亏，尤其在试图说服别人时，不轻易表露态度或者不表露真实的态度，会使交流遇到困难。在沟通中说服别人，常常是打着为对方考虑的旗号为自己争取利益的，这样的说服很容易让"老江湖"看穿，看出你的不真诚。这时候，则需要以完全暴露自己的计划、企图为代价，换取对方的信任，如果连名字、专业这样的个人信息都谨慎小心，如何能做到坦白内心真正的想法呢？

在S城经营一家妇婴用品公司的柯德最近听闻，来自省会的文娜妇婴用品公司准备在S城开分公司，公司老总文娜已经到s城实地考察过，对当地的妇婴用品市场也非常熟悉。柯德经营的公司是一家小企业，在激烈的竞争中，他的小公司已经难以为继，很快就要关门了。他希望能争取到和文娜合作的机会，既可以帮助她的事业扩展，也可以延续自己公司的经营。

柯德和文娜的第一次见面如下。

“您好，我是文娜妇婴用品公司的总经理，我叫文娜。”

“您好，我叫柯德。”在文娜压迫性的气场里，柯德有点儿不自在。为了公司的未来，柯德硬着头皮向文娜提出合作的计划。

“我的公司虽然是一家小公司，但是立足于本地，已经在当地占据了一定市场，如果贵公司与我们合作，想必您不需要太多的前期投入，就可以在这里落地生根。”

“我听说，当地不只您一家妇婴用品公司。”

“是的，还有两家家族企业。”

“家族企业的资金实力要雄厚得多吧？”

“是的。”柯德之前一直担心文娜会问到公司的资金问题，果然她还是一针见血地问了。

“我还听说，贵公司遇到了资金困难，已经难以为继了。”

“是的。”柯德不情愿地点点头。

实际上，文娜从来就没想过和柯德谈合作。她打算直接收购柯德的公司，作为S城分公司的一部分，至于柯德本人嘛，他是一个优秀的管理人才，是分公司经理的不错人选，利用他在当地的社交关系，分公司第一年的业绩应该不会太难看。听到柯德提出合作的计划，文娜不以为然地说：“你觉得一个即将关门的公司，有资格和我谈合作吗？”

“为什么不能？”文娜的态度刺伤了柯德的自尊心，他不打算继续掩饰下去了，“实话跟您说吧，我的公司在经营上的确遇到了困难，而且是我无力解决的资金困难，不出三个月，可能就关门大吉了，我非常需要您的投资。但是我并不想卖掉自己的公司，然后为您工作，合作是我能想到、能够接受的最好办法，更重要的是您需要我的帮助。”

柯德说到最后有些激动，但是他的坦诚打动了文娜。收购他的公司，对文娜来说轻而易举，但是这样坦诚的合作伙伴并不容易找到。最终，文娜决定与柯德以合作的方式进入S城的市场，她知道一位为了公司生存而坚持的人，做出来的业绩不会比分公司经理差。

在赞同下提异议

和别人讨论问题时，总会遇到一个完全的反对者，即使自己的观点有理有据，可就是没办法说服对方，甚至还会被对方的观点驳得哑口无言。遇到这种情况，所有人都会觉得懊恼，想要让自己的观点得到认可却又显得无能为力。

遇到这种情况，单凭论证自己的观点正确是不够的，想要说服别人，让反对者赞同自己的观点，还需要掌握一些说话技巧。有时候，一样的话，换一个方式表达，换一个角度来说，取得的效果是完全不同的。面对反对者，先赞同对方的观点，接着提异议，让对方首先得到认可，同时能够全面地看待问题，不失为聪明有效的方法。

延宕多年，邵文准备帮爷爷把农场的小院重新盖起来。农场那块地是爷爷一辈子的心愿，他花了一生的时间才把那块地拿回来，只可惜原本的房子、院子都已不复存在。爷爷本想用自己的设计方案把房子重新盖起来，可惜方案未完成爷爷就罹患重病。去世前，爷爷把他的图纸和心愿一起交给邵文，希望他能帮忙完成。

在农场重新盖起一幢两层楼的别墅，对邵文来说压力很大，他的建筑师事务所虽然已经上了轨道，但是资金并不雄厚，账面上的资金只够公司周转，大笔款项都要等工期结束才能收回。虽然邵文手里有些钱，但大部分还需要从银行贷款，于是邵文联系到在银行工作的同学家明。邵文的计划是贷款100万元，最好是用无担保的形式，他也知道这件事情有点儿难办，需要和家明好好商量一下。

邵文向家明说明情况后，家明同意帮忙贷款，但是要求他用土地或不动产做担保。“这是银行贷款的常规要求，这个我也能理解，毕竟银行要想办法规避这个风险，但是若以不动产做担保，只能用我的事务所办公室，这会影响事务所声誉的。”

家明显得有些为难：“邵文，你这不是为难我吗？100万元可不是小数目，这个风险银行不会承担的，我也担不起呀。”

“我了解，你做事向来小心、谨慎，不允许出一丝纰漏，不过我还是希望你能为我提供无担保贷款。”见家明要提出反对，邵文接着说，“还款期限，给我两年时间就够了，要不这样，我把事务所的房产证交给你保管，这样你总可以放心了吧。”

经过邵文的软磨硬泡，家明终于答应了他的要求，为他提供100万元的无担保贷款。虽然还款期定的是18个月，邵文也觉得很高兴。18个月足够他将事务所的尾款收回，也足够他设计、施工，帮助爷爷完成梦想。

作为一个说服者，永远不要忘记自己的目标。说话的方式是可以变化的，但目标只有一个——让对方接受自己的意见。为了这个目标，难免会经历没完没了的口舌之辩，不停地强调自己的观点，提供支持论点的论据。记住目标的同时，也要讲究说服的方法，只强调自己的观点或者用强大的气场压迫对方，会在谈判中占据优势，但也不要忘了，说服的结果也会受到说话方式、方法的影响。

新一得到消息，公司有一笔闲置资金，老总准备把这笔钱投入研发部门，至于是他所在的研发一组，还是菅野负责的研发二组，将通过内部竞标的方式决定。果不其然，第二天一大早，新一就在研发部的公告板上看到通知："请研发一组和研发二组主管就提高部门效率提出相应方案，周五上午10点，研发部主管到小会议室参加讨论。"

新一考虑了一下，他负责的研发一组需要一台X型机器，这样能大大提高工作效率，组员也不用经常往研究院跑，借用人家的机器了。另外，配合X型机器还需要增加一位技术人员，专门负责X型机器的使用和维护。最近研发部的工作忙碌起来，如果老总能给他配个助理，那就再好不过了。新一把具体的要求和核算后的成本写到了方案里，带到了周五的会议上。

与此同时，研发二组的菅野也提出了相应的方案，他的要求很简单：增加一台X型机器以及研究院专家的三个月顾问服务。两人各自陈述完方案后，主管资金预算和分配的李总请他们就两个方案展开讨论。

作为菅野的前辈，新一毫不谦让地先表态："看来咱们的想法很相似，不过我觉得你的要求并不合理，增加一台X型机器已经让预算紧张了，研究院专家的顾问费向来贵得离谱，况且公司已经与研究院有合作，何必多此一举，单聘专家做顾问？"

菅野料想新一会这样说，便还击道："你说的这些方面我也考虑过，X型机器本身造价很高，单买机器就会占用大部分预算，后期的维护也是一笔长期的投入，而且相比私人顾问，研究院的专家的确很昂贵。但是换一个角度考虑，在研究院专家担任顾问的三个月里，我的组员可以接受一次免费的培训，顾问期结束，我的小组就有了专门的人才，可以独立负责X型机器的使用和维护。相比之下，你申请另外聘请一位技术人员，乍一看人力成本似乎低了很多，但从长远来看这个方法并不经济。我还想请问一下，你要求在技术人员之外增加一位助理，是什么意思？是为你增加一位私人助理吗？”

新一向来没把刚刚升职的菅野放在眼里，没想到这个毛头小伙儿竟然心思缜密，自己被他问得哑口无言。最终，由于目标过多且预算含混，新一未能在讨论会上占据优势。两个星期后，李总将这笔资金拨给了研发二组。

想要说服别人，首先要自己目标明确，不能是一个含混的、概括的目标，而应是一个具体的，甚至可以用量化指标说明的目标。这样一来，便可以清楚地知道自己想要什么，从哪些方面让对方了解，希望对方作出何种反应。在准备不足的情况下，空有咄咄逼人的气势是无济于事的，在谈判桌上，气场能够为人提供信心，但真正决定谈判结果的不单单是外在的气场。

不管是面试、同员工谈话、与客户交涉，一味地提出反对声音，声明自己的主张，并不是得到认可的最好方法。没有人的观点会一无是处，也不可能有完美的方案，针锋相对的双方必有其各自的立场。这时候，揪住对方的缺点不放，显得太过强势而咄咄逼人。先赞同、认可对方的观点，然后提出自己的反对意见，往往能获得更广泛的认同，最重要的是，永远不要忘了自己的目标——说服不成反被别人说服，就太悲剧了。

夫子循循然善诱人

《论语·子罕》载颜渊语："夫子循循然善诱人，博我以文，约我以礼，欲罢不能。既竭吾才，如有所立卓尔。虽欲从之，末由也已。"颜渊是孔子的得意门生之一，对孔子非常崇拜，这句话的大概意思是孔老夫子善于有步骤地、耐心地教导别人。循循善诱这一成语便出自这句话，用来称赞师长教育有耐心，方法得当。

如果想用话语说服对方，循循善诱也是一个不错的方法。有时候，直接地表明目的，可能会吓到对方或者遭到对方的强烈反对，不如用循循善诱的方法，一点点地讲明观点，引导对方认同自己的说法，最终达到说服的目的。

商朝的盘庚便是一个善于用循循善诱的方法劝说别人的帝王。他是商朝第二十代帝王，在他之前，商朝的都城几经迁徙，自契至汤，十四代有八次迁徙；自汤至盘庚，十代有五次迁徙。迁都的原因基本有两个，一是王位之争，二是自然灾害。王族内部的争斗使得都城发生内乱，百姓民不聊生；有时候，黄河闹水灾，整个都城都被淹没，百姓财产受到损失。为了国家安定，每一个新统治者都必须考虑迁都的问题。

盘庚从兄长阳甲手中接过王位后，同样面临这两个问题。王位之争和自然灾害导致商王朝势力衰弱，恐怕会失去诸侯的拥护，盘庚决定复兴商朝，他的第一个重要举措便是迁都。

他打算将都城从奄（今山东曲阜）迁到殷（今河南安阳）。和奄相比，殷土地肥沃，自然环境良好，适宜人居住。建设都城也好，发展农业也好，都比在奄有利；迁都之后，一切从头开始，贵族、王室也会受到牵制，内部矛盾会得到缓解；此外，离开奄后等于避开了叛乱势力的攻击，对政权统治比较有利。

这些好处当然都是对于统治者盘庚来说的，而商朝的贵戚旧臣却有自己的想法。迁都并不是一件小事，对于那些习惯了旧都生活的贵戚旧臣，他们贪图安逸，不希望历经艰难跋涉到其他地方，想要说服他们迁都，恐怕要费一番唇舌功夫。幸好，盘庚在这方面还蛮在行，他引经据典，晓之以理、动之以情，终于说服了贵戚旧臣。

商代的贵族们非常重视先祖，盘庚对他们说："先王们也是考虑任用旧臣，和他们商量国政的。用人和使用器皿是不一样的，用人寻求老臣，用器皿则偏爱新的。"考虑到贵族们相信神明，愿意听从神明的旨意，于是他带领大臣们占卜，求知神意。他还从先王的角度进行说明，如果自己不带领臣民迁都，就会被先王指责"为什么虐待我的民众"。如果贵族们不跟随他迁都，也会被先王指责"为什么不和我的幼孙亲好"。

盘庚从不同角度对贵族们进行引导，既说明了利害关系，又让贵族们心悦诚服，最终贵族们同意迁都。当然，盘庚也不是老好人一个，他有循循善诱的一面，也有凶狠霸道的一面。面对那些有势力的贵族，那些煽动平民起来闹事的反对者，盘庚放了狠话："有不听话的人，我就把他们赶尽杀绝，绝对不会让他们在新都城滋长。"盘庚顺利地过了舆论一关，接下来便带着平民和奴隶渡过黄河，搬迁到殷，商朝的王权得到了巩固。

国王纵有大权在握，但也不能动不动就动刑、杀人，造成民众恐慌。大多数时候，国王需要引经据典、绞尽脑汁地想出说服反对者的方法，以实现自己改革、统治的目的。我们普通人没有国王的权力和地位，更需要动各种脑筋，为了实现自己的目的而说服对方。母亲生病了却不肯去医院，需要想办法说服她；痴情女被渣男甩了，痛不欲生，要死要活，得想办法说服她；年轻人不求上进，工作散漫，心态浮躁，需要试着说服他……

循循善诱是一种有效的说服策略，就像是迂回战术，面对问题不从正面入手——直接切入主题容易让对方产生抗拒心理；从侧面入手，对方从一开始没有抵制心理，就可以慢慢引导。

十月革命胜利的时候，沙皇的皇宫被革命军队攻占了。当时，革命军队中的农民打着火把，叫嚷着要烧毁这幢建筑，以解被沙皇长期压迫的心头之恨。革命群众中的知识分子出来劝说，但也无济于事。列宁得到消息后赶到了现场，面对满腔怒火的农民，列宁诚恳地说："皇宫可以烧，但在点燃它之前，可不可以先听我说几句话呢？"群众听说列宁准备讲话，连声答应。

列宁问："这幢房子里，原来住的是谁？"

"沙皇。"农民们吵嚷着回答。

"这幢房子是谁修建起来的？"列宁接着问。

"是人民。"

"既然是人民修建的，现在这幢房子就应该让人民代表住，你们说可以不可以？"

农民们不再吵嚷，有人还默默地点了点头。

"那么，房子还烧吗？"

“不烧了！”

最终，沙皇的皇宫保住了。

革命者的愤怒可以理解，但是沙皇的皇宫是历史遗产，并不能纵容革命者凭一时的愤怒就毁了举世闻名的建筑。列宁看到了这一点，于是用循循善诱的方式，帮助处于兴奋状态的革命者厘清了思路，或者这样说，列宁成功地将革命者引入自己的思路当中，用自己的想法影响了对方的想法，结果他成功说服了人民，保住了皇宫。

循循善诱是说话艺术中的上乘功夫，从另一个角度讲，它也是一种计谋，一种夺人心志的手段。说服者穿上真诚的外衣，然后表现出关心和人情味，处处为对方着想，句句中肯、关切到位，好像及时降落的春雨，随风潜入夜，润物细无声，对方尚未来得及反驳，已经连连点头被说服了。

用数据说话

一分钟内，微博上会出现10万条新数据；一分钟内，Facebook的浏览量超过了600万……这些数字并不只是出现在统计报表中的宋体字，而代表着比黄金、石油更有价值的财富。当亿万网友将微博、Facebook、Twitter等社交网站当作交友、吐槽、晒自拍照的平台时，华尔街的高手们正在利用这些数据，预测市场走势，赚取人生的第一桶金。

微软一些软件专家的任务就是将这些社交网站的数据可视化。当客户进入微软办公室时，就会看到用图表展示出来的大数据，有的是普通的时间轴，有的像蒲公英，有的像铺满整个画面的泡泡，泡泡中显示的是客户的粉丝正在谈论的内容。这些图表就会决定客户接下来的投资方向以及市场策略。

在数据时代，人人都拿数据说话。考核销售员的业绩，要看业绩报表；检查企业是盈利还是亏损，要看财务报表；为了说明近年来国人平均身高有所增长，也需要看来自全国的身高统计报表……数据无处不在，数据无时无刻不在讲述真相。

人与人的交流，从自我介绍的数据中便可知对方一二。“我今年35岁，身高175厘米，在家中排行老二……在S公司工作8年，在五环有一幢100平方米的房子，剩余10年房贷……”相亲时，听到对方报上来这样一连串数字，便对此人的个人情况有了大概的了解。

如果一位推销员向你推荐一种药品：“我们这个品牌已经经营了25年，在全国开有19家分公司，员工上万人……服用这个药品1个月后就会有效果，我的客户中已经有100多人因此而康复……”听到这一番说辞，即使猜测他可能是骗子，也会觉得他的话蛮有说服力。

与人交涉，尤其是商业上的交涉时，用数据说话是一个简单、快捷、有效的方法。专业领域的讨论往往不需要好话说尽，只要将事实、证据摆出来，对方自然会信服。语言的表述是主观的，带有感情色彩的；而数据则是客观的、冷静的。

客户部经理老袁和老总大吵了一架，一气之下辞职走人了。他潇洒地走了，剩下客户部的虾兵蟹将一下子没了主心骨。马上进入销售旺季，客户部需要盯住各地区经销商，确保这一年的销售顺利进行，这时候，哪个经销商决定不再续签合同，对公司都是一个打击。

每一年，各地区经销商都会闹出点儿幺蛾子，目的无非是削价、提高返点等，这时就需要客户部派代表出面协调。老袁有一套自创的“吃喝玩”战术，每次他出马，带着经销商痛快玩一圈儿，就能轻松搞定，一口气签下两年的合同也是有先例的。

老袁走了没几天，西北地区的经销商老胡就表示合同到期后不打算再合作，老总着急找人解决问题，将研介赶鸭子上架作为客户部代理经理派去出差。老袁和老胡是老相识，若是他出马，肯定没有问题。可惜研介是个木讷、死板的老实人，全然学不会老袁那套圆滑、精明的处世之道，酒桌上陪酒的话不会说，更不懂得在享受娱乐之间谈生意，他只想到了一个应对办法——用数据说话。

研介此前和老胡见过一次面，在公司的年会上，老胡被评为最优秀的合作伙伴。老胡见到研介，诧异了一分钟，便谈起工作来，想必他也清楚老袁的遭遇。老胡提起国家新政策对经销的影响，销售业绩严重下滑，然后说他为了节省开支裁掉了20个业务员，导致人力紧张，已无力顾及更大范围的市场，总之一句话：“没赚到钱，不想合作了。”

做了十来年的市场，研介对经销商还是有所了解的。出发之前，他对西北地区的销售情况做了分析，去年公司扩大生产，各地区经销商的订货量都提高了10%，华北、华东、东北地区的销售没什么压力，西北地区的销售压力则很大，老胡为了多赚几十块，又不愿意薄利多销，出货压力很大，导致他紧张了一阵子。

研介听完老胡的一番话，从包里拿出来一沓图表，坐在老胡对面，一脸严肃地说：“胡总，我和袁经理的工作风格不太一样，希望您能理解。这是我整理的从去年到上个月西北地区的销售情况，您看一下。”

老胡随意浏览了一番，说：“这和我公司的报表有什么不一样吗？”

“是吗？那您再看这张。”说着，研介从中抽出一张老胡公司的费用支出明细，这是研介偶然间在老袁电脑里发现的。“销售情况大体上差不多，但我想和您讨论一下销售费用这一块。销售人员的报酬、广告费用、售后服务费用和物流费用，这些方面没什么问题，但是去年您的公关费用特别高，比往年高出了35%。”

“这个袁总最清楚，在哪里做生意都一样，难免要打点打点过路财神，这个情况想必你们公司也存在。”

“的确，公关费用是在所难免的，我也了解其中的情况，但是额外支出高得这么离谱，并不常见。很显然，过度的公关开支吃掉了您的利润，导致您被迫裁员，我想这才是您销售压力大的根本原因吧。”

听过研介的分析，老胡的态度从强硬变为温和，开始诉起苦来：“你可是整天在办公室坐着喝咖啡的人，怎么会理解我们的苦呢？”

“这不是理解不理解的问题，马上到销售旺季了，您现在决定不再续签合同，未免不太合适。不如这样，我们还按照去年的销售量签合同，回头我帮您申请提高返点，这样您也能多赚些，您意下如何？”

老胡连连答应。

难道不是这样吗？

有人总在自问：“为什么大家总是拒绝我？”“为什么我一直无法顺利说服别人？”自问的时候有没有自我反省，是不是你表达的方法不对，是不是你没有问对问题？很多时候，人们对事情并没有特别强烈的主观意见，如“你最喜欢哪个导演的作品？”“你觉得小A的穿衣风格怎么样？”“难道你没发现吉野家的牛肉饭变难吃了吗？”……只有当被问到具体的问题时，人们才在当下开始思考。这时候，发问者就可以“借题发挥”，用诱导、暗示的方法引导对方说出你想要的答案。

推销员在向客户介绍商品时，如果直接问：“您觉得这款商品如何，合您的心意吗？”对方如果直截了当地回答“我觉得不是很好”，或者给出一个模棱两可的答案：“这个嘛，好像也不错，怎么说呢？”如此推销员则很难往下接话题；如果一开始就这样问：“您看这个商品，简洁又环保，价格也很实惠，您说是吧？”大多数人会顺着这条思路，然后回答说：“是呀，看起来挺不错的。”

这和会议上的举手表决差不多，问“同意的人请举手”，得到很少人的响应；问“不同意的人请举手”，同样寥寥无几，一群同事不是心猿意马，就是意兴阑珊，好像对正在讨论的话题丝毫不关心。其实，这是因为大家心中对不太重要的议题没有明确的赞同和反对，如果这样问：“请坚决反对的人举手，不举手就视为同意。”这时你会发现，其实并没有那么多反对者。

有时候，为了探明对方的态度，还可以用反问的方式。“你没有发现吗？”“难道不是这样吗？”“难道你不是这样想的吗？”反问是一种明知故问，好像在告诉对方“我已经知道你在想什么了，快快从实招来吧”。

席绢在一家中型化工企业工作，员工大约有200人，生产技术部、财务部、市场部、人力资源部等部门还蛮齐全，只是企业还在发展中，各部门的配置都有问题。席绢在人力资源部任职，因工作需要，她对公司各部门的人员配备非常了解，和每一个员工几乎都打过交道。

生产技术部是公司的核心部门，但也是人员流动最大的部门，技术部长、生产部长、车间主任、小组组长等人员，任何一个人的离开都让席绢头疼。前段时间，生产技术部的技术部长辞职了，他掌握着公司的核心资料，包括项目建设、评审等，他一离开，生产车间便乱作了一团，一时间，席绢在公司内部连一个能代理技术部长的人都找不到。

生产部长技术过硬，执行力也非常强，但他是大老粗一个，文化水平不够，几个车间主任也是如此，各有各的毛病，且对生产技术掌握不全面，根本没法儿指导工作。综合评估后，席绢放弃了内部选拔，而是花高薪外聘回来一位技术部长。这样一来，人力成本有所增加，让席绢不得不考虑公司目前的人员配置。

公司的生产技术部是主要部门，全部的利润都来自那里，可是，长期以来，公司都只招聘中专生——可以直接下车间参与生产的工人，从来没想过储备一些高级人才，以备不时之需。为此，席绢希望在新的毕业季到来时，招聘一批储备干部，作为公司的重点人才进行培养。

在招聘问题上，席绢和经理出现了分歧，席绢想通过校园招聘，让一批大学生进入公司，从中培养部门人才，经理却不同意，他认为现在的大学生，一个个的眼高手低，能力不行、又怕吃苦，还不如普通工人来得实在呢！几个车间主任也是一样的态度，搞得席绢非常为难。

思考了几天，席绢写了一份简易的校园招聘报告，希望能借此成功劝说经理。经理翻看了一下席绢的报告，笑着说："报告写得不错，看来你花了不少心思呀！"

"这么说，您同意了？"

"我不同意！报告归报告，你分析的这些——'大学生富有激情、学习能力强，是职场新鲜人……没有家庭拖累'很有道理，但和咱们公司的情况不太符合，公司现在的重头戏是生产，需要的是来了就能下车间干活儿的人。招聘一些空有理论的大学生，成本高、难管理，工作辛苦点就闹情绪走人，犯不上。"

"可是您也看到了，没有相应的人才储备，一旦管理层出现空缺，生产部门就陷入混乱，我用两倍的薪水才聘到新来的这位技术部长，这个成本就不高吗？反过来，如果从内部选拔，这笔开销完全可以省下来，您不也一直在强调，要从各方面节约成本吗？"

经理沉思了一会儿，说："你说得很有道理，可是……几个车间主任对大学生的抵触情绪很大呀。"

"经理，恕我说两句不客气的话，车间主任有抵触情绪，一方面是因为大学生好高骛远、不好管理，另外一方面……难道您没有看到他们的私心吗？"

经理有些错愕："你这么说是什么意思？"

"所有人都想保住自己的位置，我也在努力工作，想要保住我在人力资源部的位置，车间主任都是从一线工人中选拔出来的，他们有经验，但是文化水平不够，因为他们的不够专业，担心随时会被后来者超越而惨遭淘汰。这也是几位车间主任不同意的一个原因吧。"

经理没想到席绢是这样一个心直口快的人，沉思了好一会儿，又重新拿起桌上的报告翻了翻，说："这样吧，你把这份报告完善一下，把培养计划和人力成本都算进去，明天交给我！"听到经理松口，席绢兴冲冲地回去加班写报告了。

一个问题，一个反问，真的能问出你想要的答案吗？实际上，问题蕴含的是说服的成分。既然是明知故问，自然要有胸有成竹的部分，翻开对方的底牌，也亮出自己的底牌。从气势上，反问还能加强语气，增强说服力，引人深思。一个好问题比命令有效，也不至于辛苦半天，徒费唇舌，让说服者真正达到说服的目的。

巧用激将法

冯唐是西汉时期的赵国人，曾经任西汉的官员。汉文帝在位期间，冯唐以他的孝行出名，七十多岁了，被举荐做了中郎署长，侍奉汉文帝。

一次，汉文帝乘车经过冯唐任职的官署，见冯唐鬓发斑白，对他的年纪特别惊讶，汉文帝问：“老人家怎么还在做郎官？家住哪里？”冯唐如实回答。

汉文帝接着问：“我在代郡时，我的尚食监高祛多次和我提起赵国将领李齐，老人家知道这个人吗？”

冯唐答：“我知道李齐将军，他是一位很英勇的将领，但他比不上廉颇、李牧的才能。”

汉文帝诧异道：“凭什么这样说呢？”

“我的祖父和李牧、李齐都有交情，知道他们的为人。”

汉文帝听后，拍着大腿说：“我偏偏得不到像廉颇、李牧这样的将领，否则我还用担忧匈奴吗？”

冯唐说：“我想，陛下即使得到廉颇、李牧这样的将领，也不会任用他们。”

汉文帝听后，觉得自己受到了羞辱，勃然大怒，起身回宫。过了好久，汉文帝召见冯唐，责备他说：“你为什么要当众羞辱我，难道不能私下告诉我吗？”冯唐上前谢罪：“我乃鄙陋之人，不懂得忌讳、回避。”汉文帝接受了冯唐的谢罪，此后没再为难他。

没过多久，匈奴大举侵犯北部边境，戍卫的将领在战斗中阵亡，汉文帝一时间找不到得力将领，忧心如焚，再次向冯唐讨教：“您为什么说我不能任用廉颇、李牧呢？”

冯唐说：“古时候，君王派遣将军时都会声明，国门以内的事我决断，国门以外的事由将军裁定。军队因功封爵奖赏的事，由将军决定，归来时再奏朝廷。李牧在赵国边境统率军队时，就把征收的税金犒赏部下，朝廷从来不会干预，因此，李牧能够率兵十万，在北边驱逐单于，大破东胡、消灭澹林，抑制住西面强大的秦国，支援南面的韩国和魏国。后来，李牧被人设计陷害，赵国才被强大的秦国消灭。如今我听说，魏尚在担任云中郡郡守时，把税金全部用来犒赏士兵，还拿出个人钱财宴请宾客、军吏、亲近左右，使得匈奴人远远躲开，不敢进犯。可是，魏尚只犯了错报多杀六个敌人的罪过，陛下就剥夺了他的爵位，判处他一年刑期，我认为陛下的法令太严、奖赏太轻、惩罚太重，即使得到廉颇、李牧这样的将领，也不会重用的。”

汉文帝听过冯唐一番话，悟出了其中道理，当即让冯唐拿着节杖去赦免魏尚，让他重新担任云中郡郡守。之后，汉文帝任命冯唐做了车骑都尉职务，掌管中尉和各郡国的战车部队。

俗话说，请将不如激将。与其正面邀请对方，不如用话语激他一激，或许能收到意想不到的效果。冯唐正是用了激将法，首先告知汉文帝“你不会重用廉颇、李牧这样的将领”，激起汉文帝的兴趣，然后再娓娓道来，讲明其中的理由。如此一来，汉文帝认清了自己的褊狭或者想证明自己并不是一个法令过严、奖赏太轻、惩罚太重的皇帝，自然选择了重用魏尚——满足了冯唐最开始的期待。

日常生活中说话，激将法是一个劝说他人的好方法。每个人都在乎自己的自尊心且都有逆反心理，如果对方在言语的刺激下觉得自尊心受到了压抑或者产生了逆反心理，恰好可以形成反向作用，不自觉地被说服者牵着走，说服者也就达到了说服的目的。

比如，一位女士在商场购物，在喜好和价钱之间犹豫不决，很喜欢这件衣服的款式，但是价钱稍贵；而另一件衣服价钱合理，但又不是那么合心意，这时候聪明的销售人员走过来说：“要不然，您征求一下您先生的意见吧，听听他怎么说，然后再做决定。”女士当即回答：“问他干吗？我自己可以做主，买件衣服不用和他商量。”随后，女士打包了那件稍贵的衣服。

行政部的李傲受命为公司采购一批电脑，谈了几家供应商都没有头绪，主要问题在价钱方面。购买配置最好、当前最新款的电脑，几十台买下来是一笔不小的费用，公司年初就宣传节约型办公，行政费用苛刻得很。可是购买配置一般的，用不了多久就会被淘汰，到时候换新的，又要一笔费用。

约谈了近10家供应商后，李傲拿到了一个优惠条件，对方答应，如果在他家一次性购买超过20台高配置的电脑，可以给出8.8折的优惠。算下来，既能省下一笔钱，公司还配置了高性能的设备。李傲觉得这个方案可行，财务部也不会为了几万块钱斤斤计较，关键是他要先说服上司在采购方案上签字，才能到财务部申请经费。

李傲的上司——行政部经理大卫向来以爱面子、讲排场著称，但自从公司宣传节约型办公后，他也不像以前那样花钱大手大脚、毫无顾忌了。联系供应商之初，李傲就和大卫谈过这件事，可是他不为所动，坚持要把节省放在第一位，其他方面再考虑。考虑再三，李傲决定用激将法刺激一下大卫，或许大卫能把担心被财务部质问一事抛在脑后，同意他的采购方案。

午饭过后，李傲走进大卫的办公室，一坐下来就拿出手机给大卫看图片。

“这是什么？”

“是郝博现在的公司，怎么样，气派吧？他们公司所有人都用iMac办公，听说是郝博主持的采购项目。”

“看起来很不错，像他的风格。”大卫皮笑肉不笑地赞美了一番。郝博是公司上一任行政部经理，也就是大卫的前任兼上司，大卫的工作风格和郝博很像。

“经理，我到别的公司考察了一圈儿，像咱们公司用的这款电脑早已经是古董了，现在已经没有人用了，实在太落伍了，哪天郝博回公司来看旧同事，恐怕要笑话您了。”说着，李傲还不忘狠狠地拍两下大卫的主机箱。

大卫露出无奈的表情，说：“上头在倡导节约，行政预算有限，我也没办法！”

“我倒有一个不错的主意……”李傲将供应商开出的条件一一向大卫做了详细说明。激将法果然有用，大卫当即在采购方案上签了字，两天后李傲便将一批一流的电脑设备安装在了公司的各个部门里。

激将法对于感情容易激动者，或者是有明显软肋的说服对象是一个非常有效的方法，如好面子的人、好逞强的人，最容易受激将法控制。借助对方的语态、情绪，用内部矛盾、竞争对手来刺激一下，让对方在冲动之下做出结论，常常会收获意外的惊喜。但是，激将法也是一种冒险，并不适用于所有人。如果使用不当，很可能激怒对方，将整个谈判搞砸。

激将法非常看重火候。在道明本意之前，先做好前期铺垫，让对方在情绪上发生微妙的变化。说白了，激将法利用的就是对方的自尊心，先让对方有一种受辱感，被轻视、被侮辱或者被怠慢，每个人都非常珍视自尊心，力图保它完好，不受侵犯。为此，许多人会在维护自尊的前提下冲动地作出决定，说服者钻的就是这个空子——听起来有些卑鄙，却是行之有效的策略。

第五章

情感沟通中的艺术

友情：想劝你一句，不容易

有一位读者朋友对我说，她最近很苦恼。

她的室友喜欢上一位品行不端的男生，且无法自拔。

姐妹之间感情很深，全寝室的人都深知那个男生行为不检、作风不佳，但唯独她的那个室友对该男生一往情深，拉都拉不回来。

大家心里都明白，别人感情的事还是少插手为妙，以免涉入过多，惹人嫌弃，费力不讨好。

但眼见朋友一门心思地往火坑里跳，她自然也不忍事不关己，高高挂起。如果不及时阻拦，事后朋友吃亏，反倒会埋怨自己当初为何不给对方一些建议和引导。

这位读者朋友有心想劝一下她的室友，却不知该从哪儿下手才能既不招嫌，又能有效。

这个问题是大家在人际交往中普遍会遇到的困惑。其实，何止是伴侣选择，小到具体问题的处理，大到人生方向的把握，身边的朋友都会有一时间脑筋转不过来、钻牛角尖的时刻。每当这时，袖手旁观不是良策，怎么劝又是个问题。

那如何有效地劝阻朋友别干蠢事呢？

1. 别问为什么，要问怎么了

我们在听到朋友或兴奋或激动地提及他的某个不太理智的想法或意愿，甚至是见他已经采取了一定的行动时，总会迫不及待地否定他，并问一句："你为什么这么做呀？！你干吗要这样？"

如此直接生硬地质疑，潜台词是在否定对方的态度和行为，然而任何人都不甘心被否定、控制，我们这样做的出发点是好的，但很容易激起对方的自我防卫机制。

我们越这样逼问他，他反倒可能越来劲儿。你会发现，每当你一这样问，朋友总能给你找出一大堆理由。这样一来，不仅聊掰了，而且朋友提供给你的那些理由都变成了他说给自己听的理由，让他更加相信自己是对的。而我们也是一肚子委屈，泄气地说一声"你开心就好"，就任他去了。这样的沟通结果，可不是我们想要的。

下次再遇到朋友打算做蠢事或是不利于他自己的事的时候，劝阻他之前不要问他"为什么"，而要关照一下他的情绪与最根本的心理动因，问他"怎么了"。

比如，一个丝毫不懂得股票知识的朋友突然打算买股票，你知道这样做风险很大，想劝阻他。这时，就不要发问："为啥买股票？"而要先问一问他："最近是不是急用钱？生活上遇到困难了吗？"

这样一问，朋友感受到你的贴心与关注，就可能会把他的

“苦衷”讲给你听，你就知道了他最初的行为动机是什么。接下来，你就可以从根本问题出发，与朋友一起分析问题、解决问题。如此一来，不仅劝说容易收到成效，而且你与朋友之间的情谊也势必会更上一层楼。

2. 用疏不用堵，站在朋友这边一骂到底

很多时候，朋友可能与其他人闹了矛盾，想用过激手段报复对方。你想劝阻朋友不要那么做。

此时，应该怎么劝？

我们平时惯用的做法是，用理性的言语和态度苦口婆心地劝说朋友：“你这样做是不对的！你要以德报怨，你要辩证而客观地看问题，你不要激动。”

结果我们发现，我们越说，朋友越激动，不仅报复意愿更强烈了，甚至把你也牵连进去，对你咆哮：“你到底站哪边的？怎么胳膊肘往外拐？”

这样的沟通结果就很不好了。

为什么会这样呢？我们换位思考一下，就能明白其中的原因。

假如你正处于怒火中烧的情绪中，有个你认为很坏的人惹恼了你，然后我走到你身边劝你：“别生气，那个人不坏。你这么生气，是不对的，不好的。”

我估计你听完之后会恨死我。为什么？因为我的话把你的情绪给牢牢地堵住，憋死了，而且，在这件事中，我完全没有顾及你的感受。身为你的朋友，却仿佛一直在替对方说话，你不生我气才怪呢。

何止是朋友，这个问题更普遍地存在于情侣之间。

蓝天和子晴是一对情侣，但蓝天的一位女性朋友对蓝天表现得爱慕且热情，子晴当然会吃醋，甚至会说一些情绪化的气话。

这时蓝天应该怎么劝？就事论事？帮理不帮亲？这么做可就惨了。

子晴很可能会产生这样的想法："你果然是不爱我了！难道我没上过学？用你给我讲这些大道理！我情绪失常还不是因为太在乎你吗？你一直坚定地站在我这边我会这样？我要你这个男朋友是用来听道理受教育的吗？拿着你的道理去和别人讲吧！我跟你在一起有什么意义？！"

这样就彻底闹掰了。

正确的做法，或者说效果更好的做法是什么呢？很简单，就一句话：站在你在乎的人身边，抱住她的肩膀，冲着空气向惹她生气的人和事发飙。

不要觉得这样做不够理智，理性的东西再正确，放在感情里都有可能是错的，或者说不合适的。更何况，对待激烈的情绪，最好的处理方式就是用疏不用堵，很多情绪的抒发只是为了寻求安慰与共鸣，并非真的要如何，情绪宣泄掉了就好了。

3. 把计划在思想上演习到底

这是一种反其道而行之、以毒攻毒的劝导方法。

当朋友或比较重要的人情绪失控，想采取过激手段时，无论我们将后果说得多么惨烈，他都听不进去，而且我们越阻拦，他们会越逞强，越觉得自己应该那么做。

这时我们不妨换一种思维去"阻拦"，索性先赞成他的观点，再"兴致勃勃"地跟他梳理"动手计划"，计划越详尽越好，同他一点一点地分析前前后后的所有事情，注意，只叙说事实，不阐述自己的判断与观点。这么做反而容易收到奇效。

有一次，一个女孩儿失恋了，痛不欲生，虽然我跟她素未谋面，只是网友关系，但她给我打了个电话，我不能见死不救。

我知道她并不想死，但凡告诉别人“我要死”的人都还是有求生欲望的。然而凡事总有万一，万一她真的想不通，一时激动做了傻事，那可就坏了。

当时我怎么劝她都没有效果，越劝她越觉得生无可恋。后来我干脆话锋一转，顺着她说。

我沉默片刻后叹了口气跟她讲：“其实，照你这么一说，还真是那么回事。最爱的人都没了，活着还有什么意思呢。与其孤零零地苟延残喘，倒不如一走了之，轻松又解脱。至于父母什么的，就由他们去吧。他们怎么绝望、怎么难受，怎么回想起你成长的点滴而痛不欲生，都不关你的事。至于说什么还有很多美丽的风景没看过，还有很多美好的人生没体验过，那也没什么。那些美景就交给别人去看。虽然一生还剩那么长时间，新奇的事物还有那么多，可估计也是大同小异。要是死的话，咱们得找个痛苦最小的方式去死……听说连吃安眠药自杀都会疼呢。我们好好想一想，怎么死……”

她听到我这话忍不住笑了。现在她已经有了新的男友。

4. 非人情关系的傻事，要当头棒喝，力挽狂澜

当朋友遇到了一些非人情关系的状况，即将踏入火坑做傻事，我们应当怎么办？虽然这种情况发生的概率不大，但值得警惕。

记得那是我在读大学二年级的时候，我的一位好朋友拉我出去做兼职，说是销售工作，进去之后才发现，就是个变相的传销组织，伪装起来发展下线，骗学生钱。当时我那位兄弟已

经深深地着了道，当局者迷，沉浸其中。而我虽然看出端倪，第二天就退出了，由于不愿与朋友产生正面的观点对立，就对他听之任之了。

最后我那位朋友也迷途知返了，从传销组织全身而退，但我每想起这事，都是又后怕又自责。如果他真的深陷进去，赔得血本无归，我作为他的朋友却没有劝阻他，必然良心上过不去。

说来也巧，有一年，我爸的朋友也陷入了一场骗局当中，并跟我爸说利润有多么多么大。结果我爸一反常态，在电话里劈头盖脸将那位叔叔骂醒。虽然当时两人发生了口角，但事后那位叔叔感慨万千，并打心里感谢我爸能够给他当头棒喝，此后两人的情谊更加深厚了。

在朋友已经深陷危局的时候，在前几种方法都已经不灵光的紧要关头，用冷水将朋友泼醒，既是我们有效的手段，更是我们应尽的一份挚交的责任。

爱情：有时“对不起”不能解决问题

子晴和蓝天吵架了。

蓝天作为公司策划部的一名职员，在一场宣传活动中因为人手不够，自己也被推上台客串角色。公司同事娜娜对蓝天一直有好感，在那次活动中也主动登台，热情互动，两个人的照片也被好事者拍了下来。虽然没有什么出格的举动，但子晴发现那些照片后还是没能控制住情绪。

“你的那些照片是怎么回事？”

“没什么呀，就是搞个活动。我也不想啊，可他们非要拿我凑数。”

“哼！”

“这有什么可生气的呀？很正常啊！”

“正常？我生气！”

“好了，好了，我错了行了吧？”

“你什么态度哇？”

“我什么态度？你还要我怎么样？我不是认错了吗？”

“那你说说，你错哪儿了？”

“能别这么问吗？我哪知道自己错哪儿啦！你就是小心眼儿，莫名其妙。”

“我莫名其妙？我小心眼儿？好，你觉得谁好你找谁去吧！”

“哎！你怎么这么不讲理啊！是我没说明白吗？那天的情况明明就是……”

“我不听你解释！我不听！气死我了！”

“爱听不听！我一天到晚容易吗？在外边打拼得那么累，回来还得照顾你的情绪！我受不了你了！你爱怎么样就怎么样！”

“要不然分手吧！”

“分就分！谁怕谁呀！”

在这个案例中，子晴觉得自己没有错，她只是想通过蓝天的态度，感受到自己在他心中的重要程度；而蓝天呢，他更觉得自己是清白无辜的，毕竟事实就是如此，没发生什么就是没发生什么，对不起也说了，歉意也表达了，子晴还不依不饶、无理取闹，那就干脆由她去吧。

双方这样的想法，恰恰代表着男女两性在处理矛盾时的态度分歧。女生比较倾向于诉诸感性，渴望安全感与被认可感；男生往往倾向于诉诸理性，摆事实、讲道理，除非事实真的能推演出他们错了，否则，即使是道歉，他们觉得总是自己在忍让，口不对心。

如此看来，男女双方发生矛盾后真的就无解了吗？也不尽然，只要男生稍对女生情绪予以了解，调整一下表达方式，完全可以满足女生的精神诉求，会让双方的情感裂痕重新弥合，让误会消失于无形。

接下来，我们来看一下女生在对此类问题发脾气时，具体的情绪流程是怎样的。

子晴发现了蓝天和娜娜的活动照片，第一反应是愤怒，这是人之常情，任何人看到自己的伴侣和其他异性有比较亲密的行为时都会感到不舒服。而在接下来的一分钟里，理性开始压制她脑海里的愤怒与猜疑，自我开始安慰本我：算啦，可能是出于工作需要嘛，可能是不得已而为之嘛……

经过这一阶段的思想斗争后，感性与理性基本势均力敌。

子晴也知道事情没想象的那么坏，但她对于自己在蓝天心目中的地位开始有点儿拿不准了。

拿不准怎么办？她需要通过行为来验证。

于是子晴质问蓝天："你的那些照片，到底是怎么回事？"

注意，此时的子晴虽然问的是照片，但她真的是为了搞清真相吗？不，她对事情到底怎么回事已经有了大致的把握。子晴关心的是："我这个情绪释放的行为，能得到一个怎样的反馈？如果是正向反馈，证明他心里有我；如果反馈是敷衍的甚至是负面的，那证明我对他来说并不重要。"

千万别因此觉得女生幼稚，在爱情面前我们都是孩子。

在这时，不明内因的蓝天从男生的惯用视角出发，说了一句："没什么，只是搞个活动，他们非要我上去凑数。"

这句话理论上讲对吗？当然是对的，也的确是实情。

然而问题就出在这儿。

男同胞们，谈恋爱不是搞辩论、做报告，并不是"正确"就是好的，一味追求理性上的正确就是感情上最大的失误。

女孩子是需要关注与呵护的，在这个过程中，关键不在于你手里有什么，而在于对方内心需要什么。

子晴此刻需要的不是事实的反复陈述，更不是由一大堆证词论据推测出蓝天是对的。

子晴的真实想法是："麻烦你低个头，温柔点儿，耐心点儿，告诉我我在你心里最重要。我不需要你证明自己多么对，你把自己证明得那么正确，那不就真成了我小心眼儿、无理取闹了吗？那样你不就更讨厌我了吗？"

经过第一回合的试探，子晴心里更没底了，更不清楚蓝天内心的天平是在朝着哪一方倾斜。

于是她开始第二轮情绪宣泄，说道："我生气！你什么态度啊？"

其实子晴在此已经暗示得很明显了，她试图通过这些话提醒蓝天："我生气了，你应该过来哄我。"

然而蓝天的脑海中则是这样的逻辑链条：她生气了——她为什么生气——找出她生气的原因——把生气的原因抹杀掉——她就不会生气了——整个世界回归和谐。

于是，蓝天自己挖了个坑跳了进去，说道："这有什么可生气的呀？很正常啊！"

蓝天的想法很简单，他试图通过证明事情本身的正常来让女友也认识到事情的正常。他觉得只要女友也觉得很正常，她就不会再追究了。

但最关键的是，子晴要的压根儿就不是这个呀！解释得合情合理于她有什么用呢？——“即便我最后也信服了你的辩解，但我心里的疙瘩你还是没帮我解开呀！我的问题是——你到底重视谁。”

可怜的蓝天，鬼使神差般地避开了所有子晴关心的点，成功地一遍又一遍强调自己话语的严谨性和准确度，始终坚持认为：“我对了，子晴就会理解我，就会依然爱我。”

而在子晴看来恰恰相反：“蓝天哪蓝天，你把自己证明得那么对，不就是在变相地说我不识大体吗？你证明得越对，我在你心里的地位会下降得越低……”

终于，怎么也想不通搞不懂的蓝天忍不住了（男人遇到问题总想快刀斩乱麻）。“不就是道歉吗？我说声‘对不起’就行了，那就说呗，说完了赶紧结束。”蓝天这么想的，也这样做了，他给子晴道了歉，发现子晴还是不满意。于是他脱口而出：“你就是小心眼儿，莫名其妙。”

“正中下怀”呀，此刻的子晴正从言语里捕捉着蓝天对她的判断与认可度。蓝天的结论性言辞被她照单全收，她终于判断出自己在蓝天心中的分量，失望又崩溃地作出最后的试探：“要不然分手吧！”

蓝天还自己在那儿绕呢，突然听到这话简直惊呆了：“我一天累死累活的，你居然找碴儿说分手？！好，我是个男人，不跟你计较，咱分就分！”

子晴彻底傻了，蓝天也彻底懵了，两个都想让对方更爱自己一点儿，都想证明自己存在价值的人，却竹篮打水一场空，两败俱伤。

其实任何女孩儿要求男友哄哄她，向她道个歉，低个头认个错，都不是真的想证明自己多正确，对方多不对，而是仅仅想证实自己的想法正确："你还爱我，还在乎我，你为你表现得不够爱我而深感自责。"

女孩儿想说的话和想听的话是——

你说你不常联系是因为太忙，没及时赶来是因为堵车，跟别人合影是因为工作需要，谁在乎啊？这些道理是个人就懂——难道我不是正常人吗？我不想让你解释你"因为什么而做这样的事"，我只想听你说一句："我做这样的事，让你感到不安，没安全感，让你怀疑了我对你的爱，是我的不对，更是我的损失，我自责又难过。"

千万记住：遇见女孩儿发火的时候，别急着去救火，情绪发泄也是女孩儿经营感情的一种方式，有些火真的是需要发出来的，发完之后就好了；别总试图去扑灭它，别手忙脚乱地堆砌证词，让她的情绪毫无施展空间，这样她会窝火，而窝火比发火要难受多了。

其实处理感情中的矛盾局面并不难，只需要你稍稍留意一下对方的心思，考虑一下对方内心的真实需要，再说一些对方真正想听的话，就好了，远没有我们想象的那般复杂。

爱一个人，就要给对方更温柔、更善意、更贴心的交流体验，感情当中并不是很讲对错的，真的像是一加一等于二那样直接的话，就没必要称之为"感情"了。男生下次再遇到女友发火时，切记：一不要否认，二要反复重申对方在你心里的重要程度，三要疯狂示爱，告诉她她对你来说无比重要。

当然，也请女生们对男同胞的不注重情感细节的普遍缺点有所体谅，有时男生说了一些比较冷漠的话，其实仅仅是因为他们觉得没必要解释太多，在他们看来，只要把爱落实到行动上，就可以了。

第六章 批评是个技术活儿

告诉对方：你错了

美夏跟了她的老板桑杰8年，一边忍受着他的怪异性格，一边朝着事业的更高层次发展。每次事务所的实习生离开，都会好奇地问美夏："美夏姐，为什么老板人这么难相处，你还要留在这里工作呢？""如果不是因为他的设计真的很出色，你以为我会在他身边工作8年吗？8年呢！"美夏气急败坏地说。

客观地说，美夏的老板桑杰是一位非常出色的建筑师，在专业领域有着无可挑剔的优势，工作起来一丝不苟，用完美主义的标准要求自己。不过，他也是一个有着很多怪癖的男人，有自成一统的生活法则。比如，他不喜欢与人来往，鄙视"莫名其妙地喜欢群居的家伙"，讨厌别人进入他家，别人站在他家门口一会儿，他都会觉得"空气都变得不流通了"；有着严重的洁癖，如果发现杯子没有洗干净，他会放下所有重要的事情先去洗杯子；至于对待他人，他则是严格要求，甚至过分苛责，由于完全不会婉转的表达方式，桑杰批评起人来丝毫不留情面，他总有本事让原本已经非常糟糕的局面更加恶化。

年初桑杰三十多岁的职员万梓做错了模板，导致桑杰的设计方案被客户退回，桑杰劈头盖脸地训斥他说："像你这么笨的家伙，老师怎么能教得了你？大学教授怎么看得懂你的论文？我怎么能闭着眼睛把你招进了事务所——也对，这么笨的家伙，如果不是我收留你，恐怕早就饿死街头了。"

住在桑杰隔壁的小女孩儿，酒喝多找错了门，不小心弄脏了他的地毯，说道："对不起，我会赚钱赔你的地毯的。"

"我的地毯你赔不起的，那是从伊斯法罕进口的纯手工地毯，你知道这一条地毯要织多久吗？一年哪，一个伊朗妇女要织一年才织得出来。"

"那我去伊斯法罕给您买一条一模一样的好了。"

"连自己家都找不到，还说什么去伊斯法罕，伊斯法罕在哪儿你知道吗？"虽然桑杰最终没要求对方赔偿，却好像是他弄脏了别人的地毯一样被人嫌弃，好心人家也没领情。

桑杰的"毒舌"，连体检中心的医生都不放过，美女医生好心提醒他说："您的高血脂非常严重，建议您少食肉类，多吃粗粮、水果和蔬菜。"桑杰不以为然："我想吃什么就吃什么，如果人人都吃得那么健康，你们医院不是早就关门了吗？"

被人直言不讳地指出错误，所有人都会感到不满和怨恨，与此同时，所有人又是那么乐此不疲地指出别人的错误——这就是人们喜欢批评别人，却无法接受别人批评的本性。工作也好、生活也好，过多地指责别人、批评别人总是糟糕的。每个人都有尊严、好面子，谁都不希望批评、指责或抱怨落到自己头上，但是这种事情又是不可避免的。

不管是多优秀的人，总有犯错的时候，总有批评别人和被人批评的时候，这时候才发现，自己不太善于批评别人：不是说话太难听，直戳别人痛处；就是脾气太坏，只顾着发脾气，忘记说事情的重点。这一章里，我们来探讨下批评的艺术——与其说是艺术，批评更像是个技术活儿，需要拿捏妥当，熟练运用。

什么时候需要批评别人呢？作为上司，下属犯错误的时候；作为好友，朋友做了错误的人生选择或者做了伤害你的事时；社会生活中，服务员上错菜，出租司机开错路，警察错把好人当小偷抓起来的时候……

批评的方式有很多种，直言不讳地指出“你错了”“明明就是你不对”，也可以委婉地告知对方：“我的想法是这样的……让我们一起来研究一下这到底是怎么回事儿。”在特定场合，也可以用眼神、声调、手势来提醒别人的错误。有的人批评别人不仅是为了指出对方的错误，还为了显示自己的正确，同时发泄心中的不满；有的人则小心维护他人的尊严，尽可能指出错误、提出意见，却不伤害对方的自尊，此所谓“温柔的批评”。

力特进入一家著名的国企后，设想着自己的事业蓝图，想要在大平台上大干一场。可过了一阵子，他的宏图没有实现，反而备受冷遇，在单位沦落到无事可做的境地。过去30年，力特都是顺风顺水地走过来的，像这样的挫折还是头一遭，他向来满满的自信心也开始崩溃。

力特并非能力不行，而是不太会做人。圆滑处世他不会，反而说话太直，总是直言不讳地指出别人的错误，不管是下属，还是平级的同事，甚至面对领导，他都敢怒敢言，一点儿都不给人留情面。

他批评下属，下属自然会及时改正，至多在私下聚会时吐槽一下他的坏脾气；批评同级的同事，人家觉得他爱出风头，凡事总要自己抢先，压制别人，即使他指出的错误很准确，提出的意见很中肯，同事也并不领他的情，反而意见很大。

有人劝过力特，让他收敛一点儿，改一改当面批评别人的毛病，可是力特从来没把这个当成问题。当初在学校里，他向来以有想法、有主见著称，教授和同学都非常欣赏他的个性，他自己也不觉得这样有什么不好。长期下来，力特在公司里的人缘很差，不少人到领导面前打他的小报告，遇到人事调整，他则自然而然地被调到了闲职，成了公司里工作最轻松的高学历人才。

不管对任何人，提出批评的时候都需要慎重，太直接显得盛气凌人，即使本是出于帮助对方的好意，太直接也会带来相反的后果，即使对方接受，心里也不太舒服。指出对方错误的方法有很多种，直截了当地表达是杀伤力最强的一种，考虑到可能的糟糕后果，最好不要使用。

批评别人，千万不可直接说："你不对，你错了。"当对方狡辩时，还要加上一句："那我证明给你看。"这样的态度，只会给人霸道而强势的印象，相当于告知对方"我就是比你聪明，比你强"。在职场上，这无疑是一种挑战。对方若接过这一挑战，你的舒坦日子就过到头儿了。

盛怒之下易出恶言

人在愤怒时总会蹦出脏话来。心理学上这样解释脏话：剧烈情绪的即时行为化产物。脏话是一种心理协调的策略，就像愤怒带来暴力行为，羞涩带来退缩、示弱等，脏话也是一种情绪的反馈。当不必要的紧张、多余的恐惧和焦虑困扰心头时，形式化的、呼之欲出的剧烈情绪能降低人们的困扰，这便是脏话存在的意义。脏话在个体身上不断得到强化，直至形成条件反射，当愤怒、焦虑、恐惧、兴奋时，就会脱口而出。

许多人在批评别人时，都无法控制当下的愤怒情绪，于是意见、怒火、脏话，一股脑地冲出来，不管对方能不能接受，劈头盖脸就是一通臭骂。实际上，发怒和批评完全不是一码事，怒火之下的批评已经完全偏离批评的意义，有时候骂两句、说两句狠话的确能够解决问题，但不是所有的问题都能靠发脾气、骂人来解决。此外，发怒是达不到批评的目的的。下属、合作者、实习生、初来乍到的新人、经验丰富的老员工，谁都有做错事的时候，管理者的责任是指出其错误、指导其改正，而不是借着员工犯错误的缘由发泄情绪。

批评可以纠正下属的错误，还能发扬其优点，帮助员工找到最好的工作状态和工作方式。可是，如果管理者总是批评员工，势必会制造许多不必要的对立，以至下属从自己的帮手变成了对手。批评下属时，切忌任性而为，图一时口舌之快，说出伤害他人的话，尤其在愤怒时，最好不要批评任何人。因为，任何人在盛怒之下都是非理智的，没有经过理智判断，很可能会口出恶言。

浦信刚满30岁，就成为IT公司的中层领导。浦信并不是天才，也不是出类拔萃的高端人才，但是，他在人际关系方面特别出色，任何和他打过交道的人都夸他人好。浦信的才能都长在了一张嘴上，他不仅会夸人，还懂得得体地批评人，被他批评过的下属有很多，却没有人因为被批评而心生敌意。

一次开会，浦信站在前面总结上一个游戏软件的开发项目，分析其优劣和团队合作情况。有一位年轻的程序员觉得听报告毫无趣味，很不耐烦，遂用笔敲起桌子来，“当当当”的声音掺杂在浦信的讲话声里显得特别突兀。浦信有些生气，看了他一眼，对方似乎并未察觉，浦信边说边走，走到敲桌子的同事身边停了下来，说：“这位同学，开会是不需要伴奏的。”说完，他若无其事地继续主持会议，那位同事则不好意思地停止了敲打。

还有一次，浦信给下属布置了一个“作业”，让每个人对业内知名人士的IT理论发表一下看法，下属们听说要交作业，纷纷感慨：“进了IT公司，竟然还要写论文，简直是天下奇闻。”一个星期后，浦信收到了二十多份报告，虽然下属们不太高兴做这样的工作，但是每个人都交了作业。

检查报告时，浦信发现一位下属的报告几乎没有自己的想法，全部都是从网站上摘录的名人理论和语录，有的连格式都没改，直接复制、粘贴，打印了出来。浦信非常生气，可是又不想因为一篇报告打击下属的工作积极性，于是他把这位下属叫到办公室，拿着他的报告问：“你觉得这份报告我应该给你打多少分？”

这位员工清楚被浦信叫到办公室的原因，羞愧地摇摇头说：“不知道，您看着打吧。”

“我觉得，如果总分是100分的话，90分都是网络的功劳，我只给你10分。其中上网查资料的辛苦分4分，末尾一段原创的点评还不错6分，你觉得这个分数合理吗？”被当场拆穿了作弊，员工深感羞愧，连忙说：“经理，我最近工作太忙，家里又有小孩儿出生，实在没有时间弄报告，才在网络上找了些资料交差的，对不起，下次一定不会了。”“好，那我给你一次机会重写，这一次我要看到你的真知灼见。”

有感于浦信的温和批评，羞愧之余，这位员工更加努力，三天后，他补上了一篇完全原创的报告，其个人见解一点儿都不输给网络上的资料。浦信调侃他说：“写得真不错，应该把这篇文章放到网上，也许会有人用得到哦！”浦信用幽默的方式说明了严肃的道理，既批评了员工，又保护了员工的自尊心，让批评变得容易被接受。

甩脸子也要分场合

方晋城所在公司的老总在顶层办公，但是他有一个习惯，一个星期总会到某一个部门巡视一次，而且随机挑选，吃过午饭径自走到部门办公室，没有通知、没有报备，和消防突击检查差不多。如果被他发现问题，免不了会受一顿批评。

一天中午，老总突然下到12层来到销售部的办公室，作为销售部经理，方晋城小心地招待着，一一介绍情况，认真回答老总的问题，可惜最终还是出了纰漏。因为方晋城没有将未完成订单的跟进结果及时上报，老板当着整个部门员工的面儿把方晋城训斥了一顿，话语之刻薄，不知道的以为方晋城犯了天大的错。老总当然不是故意让方晋城难堪，他对谁都是这个样子，爱教训别人且不留情面，公司的大小经理，都受过他的口水洗礼。

老总巡视了五分钟，批评了半小时，训斥完毕，嘱咐方晋城把后续工作补上，然后拍拍屁股走人了。老总离开办公室之后，方晋城QQ上突然传来这样一句话："老方被老总臭骂了一顿，真爽！"发消息的一方是新来的"婆婆嘴"员工孝琳，老方指的就是方晋城。

很显然，孝琳把准备发给其他同事的话错发给了方晋城，看了这话，方晋城想了半天，越想火越大，于是把孝琳叫到跟前，说：“来，你读一下这条消息。”孝琳一看方晋城的电脑屏幕，恰好是自己刚才发的那条，连忙道歉说：“对不起，方总，我发错了，我说的不是您。”

“那是谁？刚才老总有骂别人吗？还是说，咱们部门有另外一个姓方的？”

“对不起，对不起……”被方晋城冷眼相逼，孝琳连忙道歉。

“没关系，你先读一下，反正是你发的东西。”

孝琳实在没办法，只好将对话框里的“老方被老总臭骂了一顿，真爽”一字不落地读了一遍，还带着感情和语气的变化。周围同事一听，原来这位平日里最喜欢议论别人，尤其喜欢说上司坏话的“婆婆嘴”不幸栽到方晋城手里了。孝琳低着头，一个劲儿地道歉。

方晋城黑着脸问她：“怎么？平日里我待你不错吧，我挨了顿骂，你就这么开心？”

“不是，不是，我不是那个意思。”

“老总他每天都在批评人，今天赶巧批评我了，你有什么好高兴的？”

“我真不是那个意思，就是……”孝琳自觉理亏，也无可申辩，奈何她和方晋城的对话整个办公室都能听到，她深感无地自容，恨不得找个地缝儿钻进去。

“你不用狡辩了，你说我就说我，我也不会怪你，但愿你下次不要犯这么低级的错误，让人怀疑你的智商和工作能力。”

方晋城训斥了孝琳十分钟，看小姑娘有点儿承受不住了，才叫她回去。事后，方晋城冷静下来，觉得自己有点儿小题大做，明明在QQ上提醒她一下就好，没有必要闹得整个办公室的人看她的笑话。这样一来，对自己、对孝琳，影响都不好。

“孝琳说这样的话，应该是我的管理出现了问题！”方晋城自言自语道：“平时对他们太严格了，对下属关心少、沟通也少，下属的情绪也没有被照顾到，况且孝琳发现发错了，她自己肯定也觉得尴尬和愧疚，再批评她一通，她心里肯定不好受。哎，都怪老总，没多大的事儿，非要当着那么多人的面儿批评我，这下好了，出连锁反应了吧。”下班之后，同事们都回家了，方晋城还坐在那儿琢磨如何才能消除办公室里的尴尬气氛。

所谓扬善于公堂，规过于私室。当着众人的面训斥一个人，会让人觉得很没有面子，达不到批评的效果，还可能起反作用。尤其是批评主管层、经理层的员工，既要考虑当事人的接受程度，也要考虑由此带来的后续反应。如果像方晋城的老总那样，因为自己的随口批评，引发了部门里的连锁反应，他也应该好好检讨下自己吧。

批评切忌人身攻击

霍利从来没想过，她稳步上升的事业竟然会因为爆了两句粗口而戛然而止。

霍利是美军“考佩斯”号导弹巡洋舰的舰长，领导巡洋舰上400名船员。在船员口中，她是“可怕的霍利”，是“毒舌妇人”的代名词。霍利经常骂船员是“笨蛋”“白痴”，甚至在全体船员面前大爆粗口，羞辱船员。

霍利是美国海军中一位杰出的女军官，正常情况下，她在结束“考佩斯”号导弹巡洋舰舰长的工作后，很可能升任海军少将。可惜，由于她的“毒舌”，她不仅变成了互联网口诛笔伐的靶子，还成为五角大楼声讨的对象，甚至有网友将其比作电影《叛舰喋血记》中的布莱，一位作风独裁又滥施暴力的船长。

在船员的投诉中，除了言语上的侮辱，霍利还被指控指挥“考佩斯”号在日本冲绳海域与美国驱逐舰“约翰·麦凯恩”号展开“飙船”，险些危及军舰和船员的安全；她还强迫船员帮她遛狗，要求一个会弹钢琴的下级军官到她家里举办的圣诞晚会上表演节目。凡此种种，霍利被送上了风口浪尖，经过调查，霍利因使用“残忍而又粗暴”的语言被解除指挥权。

从法律上说，人人都是平等的，没有地位高低和身份贵贱之分。公司上司、政府高官只在职权上有高低之分，而人权上并没有。严格来说，以“你这个蠢货”“你笨得像猪一样”等言语作为“炮弹”的人，已经从批评变成了人身攻击，侵害了对方的人权。在法制健全的国家里，一句“你这个蠢货”就可能引来官司，或者像霍利一样因为爆粗口而丢掉了职位。

即使从人情上来说，带有侮辱性语言的批评也是不可取的。是人都会有犯错、失误的时候，有可能是当事人的疏忽大意，也有可能是不可抗拒的外力所致。提出批评时，最好对事不对人、就事论事，切忌人身攻击，大骂对方是笨蛋、蠢货、猪脑袋之类。人身攻击只会让批评者泄一时之愤，对批评本身无益，也对被批评者有害。

凌野正有说有笑地和同事聊天，办公桌上的电话响了：“到我办公室来一趟！”一句话，电话“啪”的一声挂掉了。没有开场白，没有前提和问候，这是凌野的老大——赵总的风格。同时，这也是一个危险的信号，通常情况下，赵总打内线电话叫人而且口气很差，便意味着将有悲剧发生。凌野心惊胆战地走到楼上，硬着头皮敲开了赵总办公室的门。

“你这个月的业绩怎么这么差呀？”开门见山、不兜圈子、没有废话，这也是赵总的风格，“来了两个月，第一个月倒数第一，这个月倒数第二，下一个月你打算倒数第三吗？还稳步前进呢！”

“赵总，我工作很努力的，你也看到了，只不过最近的客户都比较难谈，而且市场环境……”

“行了，行了，你可别解释了，直接说你蠢就行了。客户难谈、市场环境不好、同行竞争，你再说全球金融危机影响了中国经济，影响了汽车行业，顺便影响了你这个月的业绩好了！”

“确实，这个金融危机……”

“说你蠢，你还真蠢哪，金融危机也救不了你的智商！”赵总气得坐在椅子上，把一叠厚厚的报表扔在凌野面前，“你看看其他人的业绩，这个月的销售冠军，业绩比你高出了200%，好好跟人学学，看人家是怎么谈客户的，找借口倒是挺有一套的。下个月，如果你的业绩还不能提升……”

“那您扣我奖金吧。”凌野战战兢兢地说。

“扣奖金便宜你了，直接给我滚！用你那猪脑袋好好想一想，我这里是公司，不是养老院，每个月发给你那么多薪水，是让你来过家家的吗？”

凌野不敢再反驳，任凭赵总连珠炮地冒出各种奇葩的形容词，“山猪”“爬行动物”“几维鸟”之类的。凌野在心里纳闷儿：“这些词语都可以用来形容人类吗？”大概是说累了，赵总端起茶杯喝茶，告诉凌野说：“好了，没别的事儿了，你先出去吧。”

满腹委屈的凌野走出办公室，回想起赵总那咄咄逼人的架势，心里就害怕。说起来，他并没有比其他同事少干工作，也在任劳任怨地开发新客户，只是初出茅庐，对行业和工作都不是很熟悉，他还是一个慢热的性格，没办法迅速和陌生人熟络起来，业绩上自然不好看。

不过，赵总这样动不动就叫人到办公室里，训上半小时的做法，凌野不太能接受，整天骂别人是“笨蛋”“蠢货”，业绩好被他骂，业绩不好也要被他骂，好像公司里的人都是傻瓜，只有他一个是天才，在这样的上司手下做事，凌野觉得心有不甘。想来想去，凌野决定再努力一个月，不行就放弃，“与其在这里继续受他的气，不如赶紧找新的工作”。

不管是国企、民企，都有许多像赵总这样的家长式领导。他们态度蛮横，指手画脚，用强硬的、不容辩解的方式和员工沟通，工作做不好就是蠢货，出了差错就是笨蛋；他们以自我为中心，和下属沟通时，完全不考虑对方的感受，以个人权威压制一切，根本不在乎语言上是否会对员工造成伤害。这样的管理者，只会让下属害怕而不会让下属信服。

很多时候，总是觉得对方是蠢货的人，很可能自己才是真正的蠢货。就像那个经常和歌德针锋相对的批评家，两人遇见时，他摆出一副傲慢的架势，挡在歌德前面说：“我是从来不给蠢货让路的。”歌德却反唇相讥：“我恰好相反。”所谓心有如来，看人就是如来，心有牛粪，看人就如牛粪。总是用傻瓜、笨蛋、蠢货之类的字眼儿批评别人，一是显得态度傲慢无礼、不尊重人，不把别人放在眼里；二是也体现出其沟通能力的欠缺，连优雅的批评技巧都不会，只懂得使用粗暴的、粗俗的字眼儿。

批评别人时，侧重在批，而不是评。批评的目的不是批评本身，而是为了指出错误、改正错误。批评时，最好不要给对方造成即将押赴刑场的错觉。用会谈的方式，制造轻松的氛围，开诚布公地交流，用平和的话语指出问题。谈判或审判的方式，侮辱性的、带有人身攻击色彩的语言只会招来下属的反感，对方看到的只是一阵愤怒的情绪宣泄，完全不记得指出的错误所在，而且严厉的苛责会打击员工的积极性，甚至造成员工从此破罐破摔，更不积极上进了。

第七章
诠释最佳的幽默之道

诙谐调侃让不满烟消云散

幽默的人就像一块磁铁，总能将别人吸引到自己的身边。幽默就像一把金钥匙，不仅开启八面玲珑的人际坦途，还能不动声色地化解矛盾、消除芥蒂。

杰克逊经常迟到，老板忍无可忍地对他说：“杰克逊！假如你再迟到一次，就准备打包回家吧！”

杰克逊一听，想：“没了饭碗还得了？一定不能再迟到了。”于是，连着好几天都起得很早。但杰克逊是个典型的“夜猫子”，这天他又因贪睡而迟到了。杰克逊急匆匆地赶到办公室，里面悄然无声，所有人都在埋头工作，正是一幅暴风雨前宁静的场景。

一个同事朝他使了个眼色，暗示他老板非常生气。果然，老板板着脸朝他走了过来。

没等老板开口，杰克逊突然笑容满面地用双手握住老板的手，对他说："您好！我叫杰克逊，我是来这里应聘工作的。我知道35分钟之前贵公司有一个职位缺口，我想我应该是来得最早的应聘者，希望我能捷足先登！"说完，杰克逊满脸自责又满怀希望地望着老板，就像一个犯错误在等待大人原谅的孩子。

所有同事都开始哄堂大笑，老板也憋不住了，笑着说："那就立刻工作吧！"

杰克逊用幽默化解了老板对自己的不满，保住了自己的饭碗。无数事实证明，幽默的人做事总是无往而不利，就算是批评他人，也有本事让人家乐于接受。

幽默是最高深的话语技巧，有了它，我们就能更加融洽和谐地跟社会、跟人群相处。

即使处在困境中，幽默者也能苦中作乐；即使自己的缺点暴露于别人面前，幽默者也能从容不迫地自我解嘲，而不会感到窘迫或者恼羞成怒；即使别人指着自己的鼻尖儿怒骂，幽默者也依然不紧不慢，一笑而过……试问，谁会对这样的一个人不满呢？又有谁会不喜欢这样的人呢？

在对话沟通中，说话高手总是能不时地"幽默"一下，在给周围的人带来快乐和欢笑的同时，他们自己也能获得更多人的喜爱，甚至做到人见人爱。

出奇制胜的幽默法则

幽默是人际沟通的润滑剂。智者们善用幽默使生活中激化的矛盾变得缓和，使难堪的场面得到化解，使紧张的节奏得到松弛。

幽默是一种眼光，也是一种角度；是看世界的宏大眼光，是看人生的全新角度。芸芸众生所处的大千世界，不仅可以用好与坏来衡量，也可以用有趣与无聊、可笑与可悲来评判。幽默于己不仅是严肃的反省，发现自己的荒唐、冥顽、滑稽可笑；也是积极的上进，在笑声中与世界成为朋友，在笑声中，一手拉着世界，一手牵着自我，乐观而豪迈。幽默也是有章可循的。

1. 巧用停顿，意趣迸发

有一富翁生性吝啬，一毛不拔。儿子大了，需要读书，他想聘请教书先生，又舍不得多花钱，因此再三讲明他的膳食供给很微薄。可是，当时的一位老先生还是一口应允了。富翁恐怕口说无凭，要老先生写一张合约，老先生写道：“无鸡鸭亦可无鱼肉亦可青菜一碟足矣。”富翁一看，理解为“无鸡鸭亦可，无鱼肉亦可，青菜一碟足矣。”于是欣然签了字。

哪知吃第一餐饭时，富翁让佣人端出一碟青菜给老先生下饭，老先生说富翁违约：“怎么尽是青菜，我们不是约定了‘无鸡，鸭亦可，无鱼，肉亦可；青菜，一碟，足矣’的吗？”弄得富翁啼笑皆非，连呼上当。

这里，教书先生运用停顿有意设下圈套，模糊语义，不料停顿之后意义突转，语义前后反差强烈，产生幽默效果。

2. 声东击西的幽默法

声东击西法，是一种更加含蓄迂回的幽默技巧。目标向东而先向西，欲要进击先后退。利用幽默的语言来回击或反驳一些错误观点的时候，这种技巧的运用特别有力。

但是，声东击西法要取得好的效果，取决于听众的静心默思，反复品味。因为这种幽默技巧的特点是：你想表达的思想不是直接表达出来，而是以迂为直，埋藏在所说的话后面。听众在听完话之后，必须有个回味的时间，才能体会出个中的奥秘，产生幽默风趣的情绪。

“劳驾，请问去警署的路怎么走？”一个行人停下脚步问路人。

“这很简单，你用石头把对面商店的橱窗给砸烂，10分钟后你就到了。”

路人似乎是答非所问，他没有具体回答去警署的路线，却提示了去警署的一种可行的办法：你只要制造事端，自然有人送你去警署。这就是声东击西法的幽默。

3. 婉言曲说成幽默

有些事直接发表自己的见解不太合适，容易让人误解或不愉快，婉言曲说是很好的方法，而且这种婉言曲说不同于修辞格里的委婉修辞方法，它是形成幽默的一种语言艺术。

王麻子是个极爱占小便宜的人，常常在别人家白吃白喝，吃完了上顿等下顿，住了两天住三天。一次，他在一个朋友家里吃了三天后，问主人道：“今天弄什么好吃的呀？”

主人想了想，说：“今天我们弄麻雀肉吃吧！”

“哪来那么多麻雀肉呢？”

主人说：“先撒些稻谷在晒场上，趁麻雀来吃时，就用牛拉上石磨一碾，不就得了吗？”

这个爱占便宜的人连连摇手说：“这个办法不行，还不等石磨过来，麻雀早就飞跑了。”

主人一语双关地说：“麻雀是占惯了便宜的，只要有了好吃的，怎么碾（撵）也碾（撵）不走。”

一般说来，幽默应避免敌意和冲突，否则，幽默就会被减弱或者消亡。从这个意义上讲，婉言曲说是最适合构成幽默的方法。

凡有大成就者，向来都是舌吐方圆的专家，他们不仅仅专长于自己的一份事业，而且在待人接物上有着独到的迂回之术，他们能够在让人发笑的过程中不知不觉融入自己的观点。

幽默的谈吐易增加亲切感

大家都喜欢跟幽默的人交往。因为幽默的人更容易接近，能够带给别人一种亲切感。幽默的人，他们身边的人自然而然会被他睿智的内心世界所吸引，使周围的人愿意向他靠拢。

幽默能显示一个人的风度、素养和魅力，能让人在忍俊不禁、轻松活泼的气氛中工作、生活和学习。幽默是一种高深的说话艺术，幽默不仅能给周围的人带来欢乐和愉快，同时也可以提高个人的语言魅力，为谈话锦上添花。生活中其实我们更应该具有幽默感，那些具有幽默感的人身上都会有一种不同凡响的魅力。

多数人在公开场合中都不太幽默，不是因为他没有幽默感，也不是因为他缺乏表达幽默的能力，而是因为他有一种思维定式，在公共场合中要保持认真、严肃的工作作风。你若过于严肃，别人往往不知该如何与你沟通，要迈开交流的第一步实在很难，因此容易与你保持距离。

所以，我们在听到笑话时，就尽量绽放笑容，表示你正在享受他们带给你的幽默的乐趣。有时，即使你已听过这则笑话，也不要说穿，仍然展现你的灿烂笑容，给大家营造出轻松幽默的气氛。这是一种表示赞同与鼓励的方式。而你的赞同与鼓励一定可以获取他人的好感，使他们更加乐于接近你。

如果我们想在人际关系中给别人留下一个好印象，那么幽默是最好的方法。如果你懂得并善用幽默，你将很容易被别人接受。特别是当众人被你逗得开心地欢笑时，你会在众人的欢笑中更加看清你自己，从而对别人更加坦诚。于是，你就可以拥有温暖而和谐的友情，甚至你还可以和那些只见过一面的人成为很要好的朋友。这就是幽默的力量。

用轻松的心情面对生活，用幽默、自嘲的方法去化解问题才能使许多小小的烦忧消弭于无形之中，避免产生更大的忧虑。你用轻松幽默的方式为他人营造了一个温暖的氛围，这就向他们传达了那些小事完全没有必要放在心上，并让他人更加开心，你也因此给别人留下了更加深刻的印象。

下面这则使气氛由尴尬转为融洽的故事也可以证实我的说法。

一个年轻的女孩子希望能在订婚宴上给未婚夫的家人留下美好的印象，于是她笑容满面地走进了屋子，不料一不小心把一个座灯绊倒了，接着灯又把小桌子弄翻了，最糟糕的是，她自己也跌在了小桌子上，形象十分狼狈。

但是这位姑娘急中生智，马上站起来说："不好意思，这次的杂技表演不太成功！"

就是她这样自嘲的戏谑即刻扭转了宴席上的尴尬气氛，她不但消除了别人的紧张情绪，也表现出了她自己的自信，最终给在座的人都留下了美好的印象。

可见，一句得体的幽默会消除一场误会，一句巧妙的幽默言辞能胜过好多句平淡无味的攀谈。

在日常工作与生活中，如果我们总能适时地妙语连珠、谈笑风生，那么，我们就很容易接通感情的热线。列宁说："幽默是一种优美的、健康的品质。"在适当的场合，以幽默的谈吐来增强交际的生动性和亲切感，已被看成是一个人的优点，国外把"有幽默感"作为评价人格好坏的标准之一，可见，幽默感对我们来说是何等重要。

当然，幽默只是手段，并不是目的。不能为幽默而幽默，一定要根据具体的语境，适当地选用幽默话语。另外，幽默需要较高的文化素养和语言表达能力，人的才能不一样，有的会幽默，有的不会幽默。不会幽默的人，则不必强求。否则，故作幽默，反而弄巧成拙。

当然，幽默感也像其他技巧一样是可以培养出来的。你可以用以下几个方法提高你的幽默感。

（1）专门建立一个收集好玩卡通书和笑话的收藏库。

（2）把有趣的东西贴在随时看得见的地方，这样你就能在每次看到这些东西时笑出来。

（3）把你最喜欢的滑稽电影、滑稽书籍收集在一起，时不时翻阅一下。

（4）回忆自己当初做过的事情，把它们写成一些有趣的逸事或可笑的故事，以今天的眼光来看，那些过去让你辗转反侧的事情也是十分可笑的。

当然，凡事都要有个分寸，幽默也要合时适度，不能违背礼仪。在人际交往中，开个得体的玩笑，可以松弛神经，活跃气氛，创造出一个适于交际的轻松愉快的氛围。如果过了度，做出了有失礼仪的事，则其效果肯定也将适得其反，伤害感情。

困境中的“救生圈”

幽默是非常可贵的，特别在气氛非常紧张和严肃的场合中，一个适当的幽默玩笑可以松弛紧张的气氛，好比打开了一道闸门，压力就此倾泻而出，换来的是融洽的气氛。幽默是社会活动的必备礼品，是活跃社交场合气氛的最佳“调料”。会说话的人会巧妙地用幽默轻轻拂去可能飘来的一丝不快，改变人们的心情和处境，建构起特有的幽默氛围，巧妙得体地摆脱自己遇到的尴尬场景。

有一位年近古稀的老人过生日时一家子为老人家设家宴祝寿。正当全家人众星捧月般围坐在老人身旁，一边喜气洋洋地谈笑风生，一边敬酒吃菜。突然听到“叭”的一声巨响，原来是今年准备考大学的孙子碰倒了热水瓶。

孩子顿感手足无措，大家也有大煞风景的感觉。爷爷一惊之后，哈哈一笑说：“这热水瓶早该碎了，孩子今年考大学，不能停在原来的‘水平’上。今天他在这喜庆的日子里，打破了旧水瓶，这不仅像为我的生日放了鞭炮一样，而且也是他考上大学的好兆头，你们说是不是这样啊？”

一席话说得一家老小哈哈大笑，生日喜庆的气氛更加热烈了，摆脱了窘境的孙子也不好意思地跟着大家笑了。

幽默使人轻松、愉快、爽心、舒畅。在这样活跃的气氛中，便于人们交流感情，因种种原因造成的隔阂也会随之消失，大家在笑声中拉近了双方的心理距离。有幽默感的人能激起大家谈话的兴趣，给人带来欢乐。

事事都求“自然天成”为好，幽默也是如此。有准备的幽默当然能应付一些场合，但难免有人工斧凿之嫌；临场发挥的幽默才更具技巧，更见风致。

在一辆开往日内瓦的列车上，列车员正在检票。一位先生手忙脚乱地寻找自己的车票；他翻遍所有的口袋，终于找到了。他自言自语地说：“感谢上帝，总算找到了。”

“找不到也不要紧！”旁边一位绅士说，“我到日内瓦去过二十次都没买车票。”

他的话正巧被站在一旁的列车员听到，于是列车到日内瓦车站后，这位绅士被带到了拘留所，受到审问。

“您说过，您曾二十次无票乘车来到日内瓦。”

“是的，我说过。”

“您不知道，这是违法行为吗？”

“我不这么认为。”

“那么，无票乘车怎么解释？”

“很简单，我是开着汽车来的。”

这位先生真是有“把稻草说成金条”的本事。无可非议，他是无票乘车者，但他能巧妙地运用幽默为自己开脱，列车员能拿他怎么办？

临场发挥是一种技巧，更是一种心智，它需要我们有冷静的头脑，保持从容镇定，不慌不忙。在各种晚会、文艺演出中，许多主持人、演员临场应变，妙语惊人，给晚会欢乐的气氛推波助澜，也赢得了观众的掌声和喜爱。

临场幽默贵在及时发现并抓住“触媒”，由此巧妙联想，得体发挥。

一个演员唱乐亭大鼓时，鼓板没打几下，那鼓砰然落地，观众哗然。主持人利用演员弯腰捡鼓的时机亲切地说：“诸位，今天这几个节目是临时加的，这位演员没来得及带自己的鼓，用的是别人的，看来这鼓有点儿认生。”

一句话缓解了紧张的气氛，让我们不得不对这位主持人心生佩服。

接下来，一位杂技演员表演《踩蛋》时，不小心脚下的鸡蛋被踩坏了一个，观众全然看见，演员很不好意思地又换了一个鸡蛋，主持人连忙打圆场：“为了增加艺术效果，证实鸡蛋是真的，所以演员故意踩碎了一个给大家看。”不巧的是，主持人话音刚落，演员脚下又一个鸡蛋被踩碎了。观众马上转向主持人，这回看你怎么说。只见主持人无可奈何地叹了口气，说：“唉，社会上的伪劣产品屡禁不绝，看来不抓不行了——

连母鸡都生产劣质产品！”

这幽默风趣，这不用回家现取的机智，令人钦佩，一时满座粲然。

无论何人，只要充分运用自己的睿智，随机应变，用幽默的言辞以缓和窘境，这就是一种成功。它能化冲突为喜悦，变危机为幸运，即使在充满火药味的场合，也可以成为最佳的缓和剂，帮助你摆脱困境。

用幽默回敬对方的无礼

谈判中采取幽默的姿态，不但可以钝化对立感，营造友好和谐的会谈气氛，还能在不经意的话语中暗含玄机，在笑谈中有力维护自己的立场。

谈判的双方要相互尊重。不管双方代表在个人身份、地位上有多大差异，他们所代表的组织在力量、级别等方面如何强弱悬殊、大小不均，一走到谈判席上，就都是平等的。

但是，有的谈判代表自恃地位高贵，或背后实力强大，在会谈中傲慢无礼，对另一方挖苦攻击，试图在气势上压住对方，迫其屈服；也有的代表自身涵养不好，谈判不顺利时恼羞成怒，对另一方侮辱谩骂。在此类情况下，如果要不辱使命，不失气节，又不致激化矛盾，使谈判破裂，被攻击的一方可以使用幽默语言回敬无礼的一方，刹住其气焰。

战国时期齐国大夫晏子出使楚国。楚王想在接见他之前先侮辱他一番，以此来挫一挫齐国的威风。楚王派人把城门紧紧关闭，然后在城门的边上凿了一个仅能容一人通过的小洞，让晏子从这个小洞钻进城内。换了别人，也许会大发脾气或怒而返回，那样就难以完成使命了。

晏子只是轻蔑地一笑，说："只有出使狗国的人才从狗门进去，现在我是出使堂堂的大国楚国，怎能从这样的狗门进去呢？"楚王听说后无言以对，只好命人大开城门，把晏子迎了进去。

楚王接见晏子时，看他身材矮小，就挖苦他说："难道齐国没有人了吗？"

晏子随口应答："齐国临淄大街上的行人太多了，一举袖子就能把太阳遮住，流的汗像下雨一样，人们比肩接踵，怎么会没有人呢？"

"既然有这么多人，怎么会派你这样的矮子为使臣呢？"

"我们齐王派出使者是有标准的，最有本领的人，派他到最贤明的国君那里去。我是齐国最没出息的人，因此被派到楚国来了。"

晏子面对楚王对自己的人身侮辱，从容反击，他顺着楚王的话贬低自己，抬高自己的国家，同时有力地奚落了楚王，说得楚王张口结舌。

晏子以自己的机智和雄辩，打击了对方的嚣张气焰，维护了自己的尊严，从而为后来的谈判在平等互利的基础上铺平了道路。

在外交场合，老练而有素养的谈判代表常用一些委婉含蓄的辞令来暗示出自己的意见。这些暗示语的真正含义往往指向关键性问题，而用这种表面温和的方式表达出来，可以使会谈气氛显得轻松、文雅，从而使实质内容的尖锐所造成的紧张情势得到缓解。

两个陌生人在别人的介绍下约会。小姐问男子：“你有奔驰吗？”男子摇摇头：“没有。”“你有洋房吗？”“没有。”小姐讪笑道：“那么，看来我们也没有缘分！”男子无可奈何地起身，自言自语道：“难道非要我把宝马换成奔驰，把二百平方米的别墅换成洋房吗？”

面对这位嫌贫爱富的小姐，男子用调侃的语气回敬了她，貌似不经意，实则是对小姐势利心的讥讽。听完这位男子的“自言自语”，相信小姐一定会后悔自己有眼无珠，同时也会为自己的无礼行为反思。

冷场瞬间，幽默救场

在面对冷场的尴尬情景时，最需要的就是有人出来打圆场。那什么是打圆场呢？它是指交际双方由于某种原因产生误解、不快、尴尬或即将引发不必要的争端时，第三者及时适宜地出面，把此事向好的、吉祥的、有利的、愉快的方面加以解释，以促进人际关系的和谐，把双方的矛盾“扼杀”在“摇篮”中。打圆场辞令，就是在这种解说、解释中所运用的机智、巧妙、智慧、灵活、幽默等让双方都能接受的恰当得体的语言。

在交际活动中，由于交际双方彼此缺乏了解以及种种突发事件的存在，往往会导致尴尬或僵持场面的出现，这个时候如果没有人站出来打圆场，那么就很可能引起一方或双方的不快，干扰事情的正常进行，甚至影响到彼此的关系和友情。由此可见，在交际中把握对方的心理，审时度势，然后凭借恰到好处的解说来化解尴尬与僵局，这确实是一项值得重视的能力。要想成功地打圆场，可以从以下几个方面着眼：其一，制造幽默的气氛。其二，强调事件的合理性。其三，肯定交际各方的价值。其四，指出交际各方观点的合理性。其五，根据事物与语言的谐音关系向好处发挥。其六，根据事物与语言的意义关系向好处联想。其七，从问题或事物的反向去思考。其八，从事物、事件原来的概念和意义引申。其九，把事件加以善意的曲解。其十，换一个角度重新解释。

1. 制造幽默的气氛

在现实生活中，过于严肃和枯燥的东西往往不易为人所接受，所以人们会想方设法把它变得灵活些、有趣些。在交际场合中也是一样，如果某个较为严肃、敏感的问题搞得交际的双方都很尴尬，甚至阻碍了正常交际的顺利进行时，我们同样可以通过幽默的解说将其诙谐化，把原来搞僵的场面激活，使交际活动得以顺利推进。

2. 强调事件的合理性

人们之所以在交际活动中陷入窘境，常常是因为他在特定的场合做出了不合时宜、不合情理或有辱身份的举动，而旁人又往往不便于直接指出这种举动的不合理性，于是进一步导致了整个局面的尴尬或僵持。在此情形下，最行之有效的打圆场方法莫过于找一个视角或借口，以合情合理的依据来证明对方的举动在此时是正当的、无可厚非的。这样一来，个人的尴尬解除了，正常的局面也得以继续下去了。

有一次，一位著名演员和丈夫举办一次敬老宴会，请文化艺术界许多著名前辈参加。90多岁的老画家由他的看护陪同前来。老人坐下后，就拉着一个年轻女演员的手目不转睛地看。过了一会儿，老人的看护带点儿责备的口气对老人说："你总看别人做什么？"老人不高兴了，说："我这么大年纪了，为什么不能看她？她生得好看。"老人说完，脸都被气红了，弄得大家很尴尬，此时这位演员笑着对老人说："您看吧，我是演员，不怕人看。"

在这个例子里，年轻的女演员恰当地使用了"强调事件合理性"的打圆场技巧。在有许多文化界老前辈参加的宴会上，90多岁的老画家拉着女演员的手目不转睛地看，这确实是有悖常理的举动。考虑到老画家的地位和自尊问题，女演员并没有直接表达自己对此事的态度，而是以"自己是演员"为依据，证明老画家看自己是正当而合理的，给老人铺了一个舒服的台阶。老人顺利摆脱了尴尬，宴会就可以正常继续下去了。

3. 根据谐音向好处发挥

生活中发生的一些猝不及防的意外事件，往往会让当事者遭遇尴尬、不快或引发不必要的麻烦，轻则烦恼伤心，重则结下疙瘩，有的甚至一生都在心中笼罩着一层厚厚的阴云。

这时如果利用突发事件及事物与语言间的关系进行机智巧妙的阐释，就会使当事者转忧为喜。

4. 根据意义关系向好处联想

生活中的任何事物之间看似风马牛不相及，其实如果细心体味、挖掘与联想，总能找到内在的联系。打圆场者就是根据事物、事件同语言之间的意义上的关系进行巧妙、积极的推衍、联想，从而将两者紧密地联想在一起，做出一种吉祥、快乐、令人高兴的解释，使对方从烦恼与不快中解脱出来，增进人际关系的和谐。这从表面看是辞令，其实更本质的东西是打圆场者的思维与智慧。

5. 加以善意的曲解

在交际活动中，交际的双方或局外人由于彼此不甚了解，常常会做出一些让对方迷惑不解的举动，导致尴尬、紧张场面的出现。为了缓解此种局面，我们可以采用故意曲解的策略，假装不明白尴尬举动的真实含义，而给出有利于局势好转的理解，进而一步步将局面朝有利的方向引导过去。

自嘲，别样的“搞笑”手法

幽默是一种真正的生活智慧，是聪明者展现自身魅力的独特方式，是经历了人生起伏、动荡和挫折，享受过富贵与排场之后，依然保持一种达观、积极、决不轻易放弃的人生态度。

在社交中，谈吐幽默的人往往容易取胜，没有幽默感的人往往会失败。幽默的语言极易迅速打开交际局面。

善于谈话的人，有时候常拿自己开玩笑。

美国著名律师迪特就是一位善于拿自己开玩笑的人。有一次，哥伦比亚大学校长在他登台演说时，先将迪特介绍给听众："他算得上是我国第一位公民！"迪特似乎很能够立刻抓住这个难得的机会，大模大样地开着玩笑说："诸位静听，第一位公民要开始演讲了。"但是他如果真那样做，便是一个没有人瞧得起的傻瓜。

那他究竟是如何说的呢？他不仅利用这个介绍词幽默了一下，并且还因此获得了听众的好感。他说："刚才校长先生说的一个名词，我起初有些听不太懂。第一位公民——是指什么呢？现在我才想到，大概他是指莎士比亚戏剧中常常提到的公民。校长先生一定是研究莎氏戏剧极有心得的人，他替我介绍时，一定又在想他的莎氏戏剧了。诸位听众一定知道莎士比亚常常把许多公民穿插在他的戏剧中，这些配角每人所说的话大都只有一两句，而且多半是毫无口才，没有高明见识的人。但他们差不多都是好人，即使是第一、第二的地位交换一下，也根本不会显示有何不同之处。"

话未说完，台下便响起潮水般的掌声。

幽默是生活的调味品，幽默而大度的人会说：哭也是一天，笑也是一天，我会选择笑着度过每一天，那么再大的风浪也会平息。幽默是一种沟通的技巧、语言的艺术，在人际交往中发生不快时，一句幽默的话语往往能缓解紧张的气氛，一句诙谐的话语能使对方转怒为喜。幽默能够化干戈为玉帛。

特别值得一提的是，在人际交往中我们经常会遇到一些意想不到的事情，或是自己失言失态，或是对方的反应不如我们事先预料的好，或是周围的环境出现了我们没有考虑到的因素，等等。总之，这些猝不及防的情境往往会令我们狼狈不堪。

有时对方是有意依仗亲密的关系公开揭你的短，或讲述你过去的傻事。有时是对方无意地、不知不觉中说出了你的隐痛。你如果真的动气，别人还会说你没有涵养。可见，尴尬是人们在生活中不愿碰到且不能不碰到的，问题在于怎样应付。

萧伯纳有一次遇到一位胖得像酒桶似的牧师，他挖苦萧伯纳：“外国人看你这样干瘦，一定认为英国人都在饿肚皮。”

萧伯纳谦和地说：“外国人看到你这位英国人，一定可以找到饥饿的根源。”

受到责难之后，千万不要把时间花在思考对方抱有什么目的，或跟你过不去上面，更不能假设什么“深仇大恨”。这个时候，最好的办法就是学会自我解嘲。因为对方可能是出于个人说话习惯，对谁都这样，你若激化矛盾就不好了。

遇到这样的事情，不妨先让心情放松，然后把这种玩笑转移给对方。比如，如果有人对你说，“你不愧是属猪的，真能吃”，你不妨这么接上一句“所以咱们才能聚到一起呀”，来一个自我解嘲。这种自我嘲弄、自贬自抑的方法能堵住别人的嘴巴，摆脱窘境，从而争取主动。

自嘲，是幽默的最高层次，口才好的人取笑自己，可以消释误会，抹去苦恼，感动别人，并获得自尊自爱。

自嘲运用得好，不但可以为自己解围，还可以使交谈平添许多风采。但如果用得不好，就会使对方反感，造成交谈障碍。自嘲要审时度势，不能到处乱用。比如，对话答辩、座谈讨论、调查访问等，就不宜使用自嘲。此外，自嘲还要避免采取玩世不恭的态度，具有积极意义的自嘲，包含着对自己强烈的自尊、自爱。

第八章 聪明人的说话之道

矮子面前不说短话

古时候，有一个秀才特别喜欢作诗取笑他人。秀才所在县的地方官也是一个爱好舞文弄墨的人，为了和苏轼媲美，他自号“西坡”，偶尔写作一首诗词，县老爷都会召集临近的文人雅士一同欣赏。

一次，县老爷作诗一首，邀请县上的文人骚客前去赴宴，秀才也在受邀之列。席间，众人都称赞县老爷的才情，秀才突然吟了一首打油诗：“古人有东坡，今人有西坡，这坡比那坡，差多！”任谁都听得出来，秀才非但没有吹捧县老爷，反而嘲笑他不自量力，拿自己和苏东坡相比。县老爷听后大为恼火，但碍于众人在场，便没有发作。

秀才以为自己见解独到，一语中的，自鸣得意起来。餐后，众人随县老爷逛花园，秀才一同前往，看到县老爷的夫人，他雅兴不减，又作打油诗一首：“远见一姑娘，金莲三寸长，为何这般小，横量。”古代女子裹脚，素以三寸金莲为美称，若是横着量三寸，分明是脚大嘛！秀才话音一落，夫人就被气哭了。

接二连三地被秀才揭短，县老爷怀恨在心。有一次，县老爷找到机会陷害秀才，将其发配到外地充军。押解途中，秀才的舅舅得知了这个消息，特地送食物给他。舅舅从小患有眼疾，结果盲了一只眼睛。见到舅舅，秀才顺口吟诵道：“充军到襄阳，见舅如见娘，两人齐泪下，三行。”秀才如此取笑关切自己的舅舅，气得舅舅掉头走人，连食物也不给他了。

这个秀才虽有一点儿才学，但是有才无德，尤其是没有口德。他屡屡出口伤人，而且专门揭人伤疤，一路下来，县老爷、夫人，连自己的亲舅舅都给得罪了，他本人可能还扬扬得意、浑然不觉呢。

其实，世界上每个人都有短处，如果开一个“揭短大会”，大家坐下来说说彼此的缺点，估计能数出一箩筐来。但是，聪明的人是不会在说话时故意揭别人的短处的，对任何人来说，缺点都是忌讳。

阿Q虽然时常用精神胜利法将别人的殴打、侮辱变成“儿子打老子”，但他也是有忌讳的，任何人都不能提他头上的烂疮疤，谁要是在他面前提这个，他是会找人拼命的；祥林嫂每天絮絮叨叨地、没完没了地讲她粗心大意，导致儿子被吃掉的事情。但是，别人不能提她嫁过两个男人的事，四婶不是在祭祀时大喊了一声，不让她去拿贡品吗？结果，祥林嫂就崩溃了。

俗话说：“人要脸，树要皮。”人们之所以忌讳别人揭自己的短处，就是一个脸面的问题，是自尊心的问题。对于当事人来说，自身的缺点已然让人自惭形秽了，长得丑的人每天想着“我是天下最难看的人吧”；长得矮的人，睡前都要祈祷一下“请再赐我两厘米身高吧”；肥胖的人看见苗条的人，嘴上说着“心宽体胖”，实际上羡慕得要死；头脑不聪明的人恨不得重生一次，下辈子多长点儿智商……但是，既然生就如此，事实是无法改变的，人际交往时、彼此交谈时，就不要再揭人家的伤疤了——每个人都是不完美的，人和人相比，能差多少呢？

朱元璋在当皇帝之前，为了讨碗饭吃从事过多种职业，他当过和尚、做过乞丐，还参加过红巾军起义。做了皇帝之后，朱元璋最讨厌别人揭他的老底儿，由于当时官方称红巾军为“红巾贼”，因此朱元璋对“贼”字特别敏感，连和“贼”近音的“则”也成了他的忌讳。

一次，浙江府学教授林元亮作了《谢增俸表》，里面有“作则垂宪”一句话，有令朱元璋过敏的“则”，这位教授被杀掉了；后来，北平府学训导赵伯宁写了《贺万寿表》，里面有“垂子孙而作则”一句，还是有“则”，此人也被杀了。

其实，这两位写的内容都是吹捧朱元璋的话，称赞他是后世的楷模，千古明帝。只可惜，马屁拍在了马蹄上。和通篇毫无个性的歌功颂德的话相比，“则”这个字更吸引朱元璋的眼球。

俗话说，矮子面前不说短话。对着个子矮的人，最好不要提到短、小、木墩、武大郎这种敏感字眼儿，免得惹人多心；对于遭遇情人背叛、老婆出轨的人，最好不要提绿帽子、乌龟之类的词语；对于犯过罪、判过刑的人，最好不要提监狱、犯罪、牢饭等相关事宜。这些很容易让敏感的人觉得是在指桑骂槐……

忍月最近婆媳关系失和。刚结婚不久，老公被公派到外地工作，时间为六个月，新婚燕尔没过完，家里只剩下忍月和婆婆两个人。刚开始，两人相敬如宾、客客气气的，倒也没什么问题，时间一长，两人生活习惯不一样，饮食习惯也不一样，闹出了不少矛盾。

忍月习惯晚睡晚起，婆婆则喜欢早睡早起；忍月是南方人，喜欢吃清粥小菜，婆婆是西北人，喜欢吃辣味儿厚重的面条；在消费、生活等各个方面，忍月和婆婆的步调也不太一致。两个人为了一些生活琐事争执过几次，有一次忍月把话说重了，害得婆婆在跟大姑姐打电话时掉了眼泪，大姑姐以为忍月欺负了婆婆，当天就跑到家里来“兴师问罪”。

忍月没弄明白大姑姐为何会突然登门，只顾着做菜做饭，好吃好喝地招待她。大姑姐问这问那，打听忍月的日常生活，吃过了饭，两个女人坐在客厅里看电视时，忍月才明白大姑姐这不速之客来的原因。

电视台正在播一部家庭剧，恰好演到婆媳争吵的镜头，电视里一通哭爹喊娘地争吵过后，大姑姐评论道：“这个儿媳妇心理有问题吧，还说什么生活习惯不同，不适合和婆婆生活在一起，我看是因为她从小没妈，根本不知道有妈妈陪伴的幸福。”大姑姐话未说完，旁边的忍月一下就站起来了，怒声道：“大姐，你有话就直说，我最讨厌别人指桑骂槐了，我也是从小没妈，难道我虐待咱妈了不成？”

见到情绪激动的忍月，大姑姐才意识到自己说错了话。忍月在单亲家庭长大，是爸爸和奶奶一手带大的，一直以来没有得到母爱都是她心里最深的痛，被大姑姐这样一说，忍月自然受不了了。

有些人，总以为抓住别人的缺点用全力攻击，就能证明自己的长处、自己的优秀，拿自己的长处和别人的短处比，就能占据优势，其实不然。与人交谈时，显示出素养之处在于是否懂得照顾他人的感受。有人说过，文明程度的区别恰好在于一个人是否会为别人的感受而考虑。说话时，即使不体贴别人、不给予他人恩惠，至少不要戳人伤疤、伤人情面，让人感觉到不愉快。

即使在吵架这种情绪激烈的场合，也不要拿别人的短处作为攻击目标。打人不打脸，说话不揭短，争吵时揭人短处，无异于在武林大会上使用暗器，是下作的、被人鄙视的行为，非光明正大的君子所为。退一步讲，言语伤害往往比刀剑之伤更令人痛心，如果可以的话，用情理服人而不是用话语压人，即使情绪激动、愤怒难抑，还是把那些揭人短、戳人伤口的话烂在肚子里吧！

忠言逆耳顺着说

人人都喜欢听好话，喜欢别人顺着自己的心思说话，而听到与自己观点不同的声音就会觉得不舒服。即使是一些智者，明知对方说好话是有所图谋，还是喜欢听一些拍马屁的话；表达不同意见的人，哪怕意见中肯，听的人心里也有一些不舒服，这就是人之常情。人人都有虚荣心，谁愿意舍弃赞美，每天听批评的声音呢？

谁都知道“良药苦口利于病，忠言逆耳利于行”，可是良药太苦、忠言逆耳，都不被人喜欢，那么良药还要不要喝，忠言还要不要说呢？要喝，也要说，只不过要换一种方法。将苦药用糖衣包起来，把忠言说得顺耳些，听者就不会反感了，忠言也能产生进谏的效果。

古代有一个人叫乐羊子，他外出学艺七年未归，家里只剩下妻子和婆婆二人相依为命。乐羊子家境贫寒，家里的两个女人日子过得凄惨，吃饭都是饥一顿、饱一顿的，更不用说吃到美味的食物了。一天，婆婆饥饿难忍，偷偷杀死了邻居的一只鸡，妻子得知后非常生气，但她也没有责怪婆婆。

婆婆把煮熟的鸡端上饭桌，邀请儿媳和自己一同享用，妻子却不动筷子，婆婆问她为何如此。妻子回答说：“都是我不好，媳妇不孝，没能伺候好婆婆，让您连自己家的鸡都吃不上。”婆婆听后，满脸羞愧，从此以后再也没有动过别人家的鸡。

中国古代，“文死谏”的例子屡见不鲜。刚正不阿的文官为了让君主接受自己的意见，为了就一件事争论出一个是非曲直，不惜以死相谏，其精神可嘉，方法却不可取。忠言劝说的目的是让对方接受自己的意见，如果丢了自家性命，君主依然故我，一条生命不是白白浪费了吗？如果那些冒死进谏的臣子能向乐羊子的妻子学学，用曲折的、委婉的方法劝说，其结局可能完全不同。

所以说，并非所有的忠言都是逆耳的，区别在于劝说者如何表达忠言。忠言劝说时，若是所说之话恰好和对方的情绪相抵触，就会出现逆耳的现象；如果充分考虑了对方的情绪状态，寻找一种对方能够接受的方式，忠言进谏就会被采纳。历史上，在文臣进谏的例子中，触龙说赵太后是一个经典的案例，在人际交往、人事管理中，触龙的方法依然可以借鉴。

话说在公元前266年，秦国趁赵国旧主故去、新主地位不稳之际，出兵攻占了赵国的三座城池。赵国主理政务的赵太后不得已向齐国寻求增援，齐国答应出兵，但条件是赵太后的幼子长安君必须到齐国做人质。赵太后心疼幼子，自然不答应，众大臣极力相劝只惹得赵太后一阵不高兴。这时候，触龙出场了。

触龙在劝谏方面颇有一套，明明是为了劝谏而去，一开始，他却和赵太后聊起了家常。说到赵太后已经出嫁的女儿燕后，触龙说："太后最疼爱的是燕后，而不是长安君。"赵太后反驳，触龙举例说："燕后出嫁时，太后依依不舍、双眼含泪，但是女儿出嫁后，却一直担心她被赶回来，这是为女儿的将来打算，希望她的子孙可以世代做国君。"

循循善诱，触龙终于说到了长安君身上："父母疼爱子女，就要为他们做长远的打算，如果一味地宠爱长安君，不让他为江山社稷立功劳，将来他凭什么在赵国立足呢？"触龙一句话惊醒了赵太后，最终她爽快地答应了齐国的要求，让长安君到齐国做人质去了，齐国迅速派兵援助，解了赵国的困境。

触龙在立场坚定的赵太后面前，自然知道忠言逆耳的道理，若是他继续激怒赵太后，其结果不会是被啐一脸唾沫那么简单，很可能进谏不成，自己却身首异处了。于是，触龙选择回避矛盾，用一种曲径通幽的方式进行劝说。

他先谈谈赵太后的孩子，再谈谈自己的孩子，然后引申出父母应该如何疼爱孩子的问题，最终让赵太后明白：历代王侯，没有功劳便难以坐稳江山，赵太后若想让长安君以后在赵国立足，就必须先为国家立下功劳。触龙经过一番绕圈子的“曲线救国”之后，赵太后放下了内心的戒备，既没有发怒也没有杀人，主动改变了想法，接受了触龙的建议。

触龙的劝说，有许多方面值得我们借鉴。比如，他懂得寻找时机，先转移话题，然后多次旁敲侧击，避开直接矛盾，曲折地从侧面进行劝说。再比如，他东绕西绕地说了许多题外话，看似聊家常，其实是在和赵太后拉近关系，让赵太后放松警惕，消除抵触情绪，因为触龙照顾到了赵太后作为母亲的感受和想法，进入正题时才比较顺利，因此他进谏成功，而其他大臣没有。

一直以来，婉转曲折的表达意见都是一门处世艺术。劝诫朋友也好，向上级、同事表达自己的看法也好，都要婉转地说明。在气氛剑拔弩张的时候别怕绕圈子，如果能在绕圈子中缓解紧张的人际关系，找到适当的突破点提出自己的观点，既可以化干戈为玉帛，也可以让对方接受建议，这不是一举两得的事情吗？

第九章 小心慎言，话留三分

君子慎言，祸从口出

古人在谈及人生和历史的经验教训时，多次谈到这样一句话，即“君子慎言，祸从口出”。就是说，作为一个君子，不要对事妄加评说，有些事自己心里明白就行，有些话能不说就不说，实在没办法，闲扯几句，也就过去了。话说多了，往往会有失误，或者攻击别人，会成为别人攻击的口实。

我们也总是这样被教导，说话要注意方式，有时候话说得多了且方式不对，听的人就可能会觉得厌烦。因此，在日常的沟通中，一定要注意话要说得少且巧，让听话的人轻松接受你的意见或者建议，而不至于产生厌烦的感觉。

实际上，说话又是很容易的事情，正因为是很容易办到的事情，所以才更要慎重。有的人到处随口乱说，想说什么就说什么，结果是话一出口就伤人，得罪了人自己还不知道。长此以往，无形中就给自己设置了很多障碍。

宋朝益州有个叫张咏的人，听说寇准当上了宰相，便对部下说："寇准奇才，惜学术不足尔。"这句话一语说中了寇准的弱点。原来张咏与寇准是至交，对寇准的劣势自然比较清楚，为了能帮老朋友及时改掉这个缺点，张咏很想找个机会劝劝寇准多读些书，他毕竟身为宰相，其作为关系到天下的兴衰，学问理应更多一些。

恰巧不久，寇准因为一些事情到了陕西，而刚刚卸任的张咏也从成都到这里。他乡遇故知自然格外高兴，寇准专门设宴款待，二人畅饮了一番。相聚过后在郊外送别，临分手的时候，寇准问张咏："何以教汝？"张咏对此其实早已有所考虑，正想借此机会劝寇准多读一些书。话刚要出口，又觉得现在的寇准已是堂堂的朝中宰相，居一人之下，万人之上，毕竟身份悬殊，他怎么好直截了当地说一个宰相没有学问呢？于是张咏略微沉吟了一下，慢条斯理地说："《霍光传》不可不读。"

当时听到这句话，寇准并没有立即明白张咏说这话的意思。回到相府，寇准立刻找出《汉书·霍光传》，从头到尾仔细地阅读了一遍。当他读到"光不学亡术，暗于大理"时，突然明白了老友的意思，于是自言自语地说："此张公谓我矣！"（意思是：这大概就是张咏要对我说的话吧！）

当年霍光任大司马、大将军要职的时候，地位就相当于宋朝的宰相，他辅佐汉朝立下了很多功劳，但是因为学问不高，受圣人的熏陶不足，难免不明事理。霍光的这些特点与寇准有某些相似之处，张咏说“《霍光传》不可不读”的意思其实就是想要借此书告诫寇准多读一些书，多明一些事理，以便更好地辅政朝纲，因而，寇准读了《霍光传》之后很快便明白了张咏的用意。

反过来想一想，当时如果张咏的话说得太直，对刚刚出任宰相的寇准来说，面子上肯定不好过，而且这话传出去还会影响寇准的形象。张咏了解寇准是个聪明的人，便简单地给了一句“《霍光传》不可不读”的赠言让其自悟，让当朝宰相愉快地接受了建议。

毕竟，恭维的话谁都爱听，你对人说恭维话，如果恰如其分，适合其人，他一定十分高兴，对你便有好感。最奇怪不过的是越是傲慢的人，越爱听恭维话，越喜欢受你的恭维。有的人义正词严，说自己不受恭维，愿听批评，这是他的门面语，你如果信以为真，毫不客气地直接批评他的缺点，他心里一定大不高兴，表面上未必有所表示，内心却十分不安，对于你的感情，只有降低，绝不会增进，“人告之以有过则喜”，只有子路才有此雅量，一般自命为贤者，哪里容得下你的批评！普通人更不用说了，试看古来犯颜直谏的忠臣，有几个不吃苦头？汲黯是汉朝出名的直人，武帝是汉朝出名的贤君，汲黯说他“内多欲而外施仁义”，武帝深觉不欢，汲黯因此终生不得意。所以善于说话，是处世的本领，是发达的因素。

由此可见，做人欲常立身，就不能不注意话留三分，低调谨慎。因此，在说话办事的时候，要记住这样一个原则：在任何地方和场合，开口之前必先三思，一定要注意所说话语的内容、意义以及措辞、声调和姿势，做事的方法和时机。在什么场合应该说什么话、怎么说，在什么时候做什么事、怎么做，都是值得加以研究的。

伤人以言，深于矛戟

耻笑讥讽的语言是一把双刃剑，在伤害别人的同时，也会伤害到你自己。古人云："唇齿之伤，甚于猛兽之害；刀笔之烈，惨于酷吏之刑。"所以我们在说话时一定要注意。

《韩非子·说难》篇中曾对龙作了如下描述：龙是虫的一种，它的性情非常柔顺，人们可以和它亲近，甚至可以把它作为自己的坐骑。然而，它的喉下有一块长约尺许的逆鳞，如果有人触摸了它，那么它必然会发怒，以致伤人致死。

其实，岂止龙有自己的忌讳之点，世界上每一个人都有自己的忌讳，也就是常说的"短处"。鲁迅笔下所描绘的阿Q、孔乙己、祥林嫂都是我们大家所熟悉的人物，他们虽然性格各异，但在他们身上却有一个共同的特点，那就是都有一处最怕人触动的"短处"。

人们之所以有忌讳，怕别人揭自己的短处，说到底是自尊心问题，怕脸面上过不去。所以，你若想获得朋友，说话千万不能口无遮拦，一定不要触动他们的短处。

古代有一则故事，说的是有一个叫鱼子的人，生性古怪，对人尖酸刻薄，总好揭人短处并以此为乐事。有一天，朋友们坐在一起喝酒，其中一个叫吴丑的因老婆管得太严厉而不敢多喝。鱼子便吵吵嚷嚷地说："你们知道吴丑为什么不敢吃酒吗？是他的老婆管教得太严了，有一次，吴丑喝醉了酒，还被老婆打了几个耳光呢！"吴丑被鱼子当众揭了短处，恼羞成怒，拂袖而去，大家不欢而散。

生活中像鱼子这样的人不乏其人，他们似乎认为，只有揭了别人的"短"，才足以证明自己的"长"，以此来获得心理上的满足。孰知这样的结果只能使人们对他们避而远之。

有一定修养、品德高尚的人是从不揭人之短的，这样的例子在历史上比比皆是。人们对于自己的忌讳，通常极为敏感。由于心理作怪，往往把别人的无意当成有意，把无关的事主动与自己相联系。有时，你随口谈一点儿什么事，也很可能被视为对他的挖苦和讽刺，正所谓"说者无意，听者有心"。因此，我们不仅应避免谈论别人的忌讳之点，同时也应注意不要提及与其忌讳相关联的事物，以免造成对方的误会，以致使他的自尊心受到无谓的伤害。

在日常生活中，诸多言辞并不是我们非说不可的，因此，既没有必要唇枪舌剑，也没有必要信口开河。有些话语，说得多了，不但不会获得任何好处，反而会招来许多是是非非。俗话说："良言一句三冬暖，恶语伤人六月寒。"因此，我们要把握好说话的分寸，不羞辱他人，不当众揭人短处，开口说话之前要先过下脑子。这样你的话语才不会伤害、侮辱到他人。

不要“随便”说话

说话是一个传递信息的过程，提高自己的语言表达能力，把话说好，不仅关系到说话者本人能否准确、流畅地表达自己的思想，而且还在于你所表达的思想、信息能否为听众所接受并产生共鸣。也就是说，把话说好，关键在于能否把话说到别人的心窝里，打动人家的心弦。

富兰克林在自传中有这样一段话：“我在约束自己言行的时候，在使我日趋成熟、日趋合乎情理的时候，我曾经有一张言行约束检查表。当初那张表上只列着十二项美德，后来，有一位朋友告诉我，我有些骄傲，这种骄傲经常在谈话中表现出来，使人觉得盛气凌人。于是，我立刻注意到这位友人给我的忠告，并且相信这样足以影响我的发展前途。随后我在表上特别列上‘虚心’一项，以专门注意我所说的话。现在，我竭力避免一切直接触犯或伤害别人情感的话，甚至禁止使用一切确定的词句，如‘当然’‘一定’等，而用‘也许’‘我想’来代替。”

深圳电车模范售票员王苹，不但具有全心全意为乘客服务的热情，而且还有暖人肺腑的语言。口才，使她说话深深地打动着乘客的心弦，使她在平凡的工作岗位上创造了不平凡的业绩。她是怎样工作的呢？有一天，车上的乘客很多，而这时又上来了一位抱小孩儿的妇女。于是王苹同往常一样对乘客们说："哪位同志给这位抱小孩儿的女同志让个座儿。"但她连讲两次，无人响应。王苹没有着急，缓缓地站了起来，用期待的眼光看了看靠窗口的几位小伙子，提高了嗓音："抱小孩儿的那位女同志，请您往里走，靠窗坐的几位小伙子都想给您让座儿，可就是没有看见您。"话音刚落，"呼啦"一声，几位小伙子都不约而同地站了起来让座儿。这位女同志坐下以后，光顾喘气定神，忘记对让座儿的小伙子道谢，小伙子面露不悦的神色。王苹看在眼里，心中明白，她忙中偷闲，逗着小孩子说："小朋友，叔叔给你让了座儿，你还不谢谢叔叔。"一语提醒那位妇女，连忙拍着孩子说："快谢谢叔叔，快谢谢叔叔。"那小伙子听到"谢谢叔叔"时，连声说："不客气。"王苹的几句话为什么产生这么大的魔力？因为她了解人们的自尊心，只有充分理解人们的自尊心，才能把话说到人家的心窝里。

美国著名哲学家詹姆斯曾经说过："人类天性的至深本质就是渴求为人所重视。"从某种意义来说，人类正是凭着寻求自尊的激情，才造就了古往今来千千万万的丰功伟绩。

我们与人说话，要想把话说到人心窝里，收到"心有灵犀一点通"的效果，就要理解人们的合理需要，爱护人们的自尊心，要做到这一点，我们在谈话的时候就要经常注意"转换角度"，即善于"站到对方的立场上，从对方的观点来观察问题，如同用你的观点一样"。

如果在社交活动中不能根据交际对象的心理，选择恰当的语言形式，挫伤他人的自尊心，那后果又将如何呢？

祁文云心地善良，待人热情，常常给人以最无私的帮助，可是周围的人却有些厌恶她。这是为什么呢？原来祁文云在社会交往中违背了言语交际所应该遵循的原则。所以，虽然她主观愿望很好，结果却适得其反，事与愿违。熟人、同事、朋友之间为增进友谊而交际，说话“随便”一点本无可非议。但是，这种“随便”应该掌握一定的分寸，应该有一个限度，因为每个人心灵中都有自己神秘的一隅，交谈时，应该照顾对方的自尊，以免使人陷入难堪的境地。祁文云却完全不考虑这些，她对一位因发胖而羞赧的女同事高声宣布：“哟，你又长膘啦？你爱人净弄什么给你吃，把你喂得这么肥呀？”发出这一串儿语言信号时，祁文云本没有丝毫恶意，可是，这些话语无疑激起了对方的反感以至恼怒，使双方原本亲密的感情发生裂变，不仅达不到亲近的交际目的，而且极大地拉开了双方的心理距离。

大家也许都有这样的生活体验，有的人在行为上、物质上热心地帮助了别人，但由于在特定场合下措辞不当，使对方的感激之情烟消云散，化为乌有，祁文云就是这种人。比如，她给一位新娘子买了一枚精巧的胸针，对方十分感谢，她却这样议论人家的衣着：“哎呀，你这身衣服剪裁得真不错，可就是颜色嘛，太不协调！干吗非这么桃红柳绿地搭配？该有点儿中间过渡色的东西点缀，平衡一下才好。”人们在办喜事时，总喜欢听些吉利话，新娘子爱美爱漂亮，为参加婚礼精心打扮过，她却说人家“桃红柳绿”。因此，尽管祁文云的行动使交际对象感动，可是她的言谈却给对方增添了不快。由此可以看出，帮助别人时，应该多行动，少言语。祁文云不了解这种情理，所以没有收到预期的交际效果。

祁文云的言行，是探索言语交际规律的一面镜子，我们在言语交际过程中应引以为戒。

话随境迁，在什么场合说什么话

在什么场合说什么话，这是人们在长期交往实践中总结出来的经验。说话要顾及场合，否则，再好的话题，再优美的话语，也不会产生好效果，有时甚至会适得其反。试想，如果你在跟朋友谈心时，像做报告那样拿腔拿调；或是在肃穆的葬礼上，像相声演员那样讲出通篇幽默的哀悼词，将会产生怎样的后果呢？所以，“话随境迁”的艺术，最应重视的就是说话的场合。

当众讲话更要注意言语行为的特定场合。不同的交际场合，有不同的言语表达方式，不可将言语表达的基本原则变成僵死的形式。说话要注意场合，不看场合，随心所欲，信口开河，想到什么说什么，这是“不会说话”的人的一种拙劣表现。

人总是在一定时间、一定地点、一定条件下讲话，在不同场合，面对着不同的人、不同的事，从不同的目的出发，就应该说不同的话，用不同的方式说话，这样才能收到理想的讲话效果。例如，在婚宴场合，你就不要谈令人丧气的话题；在别人悲痛的时候，切忌谈逗乐的话题；当众做演说、做报告时，应当讲严肃的话题，而且中心思想要明确。如果是聊天，则可以不断转换话题。

一对新人在一家大饭店举行婚礼，正赶上大雨下个不停，新人和客人们觉得很懊丧，婚礼气氛有点儿不愉快，这时餐厅经理来到新人和诸位宾客面前，微笑着高声说：“老天爷作美，赶来凑热闹，这是入春以来的第一场好雨。好雨兆丰年，这象征着这对新人的未来是十分幸福的。雨过天晴是艳阳天，这说明今天在座的所有客人都将迎来更加灿烂的明天，我提议，为了创造和迎接雨过天晴的明天，大家干杯！”话音一落，整个餐厅的气氛发生了180度的大转弯。沉闷的婚礼场面，一下子活跃起来。

俗话说“一句话把人说笑，一句话把人说跳”，就是这个道理。这就要求我们在说话时，要注意场合，增强场合意识，懂得在不同场合对说话内容和方式的特定限制和要求进行关注，并时时不忘看场合说话。

有一个年轻人长得眉清目秀，可就是不会说话。朋友结婚，他前去祝贺，喜宴上他慷慨陈词：“凭咱哥们交情，下次你再结婚我还来喝酒。”满座人面面相觑，朋友哭笑不得，他却浑然不觉。因为他说话不合时宜，所以谁家有个婚丧嫁娶的事情都不欢迎他。有好心人背后开导他说话要注意场合，多说主人爱听的吉利话，别说人家忌讳的话，他才幡然醒悟。

从话语形式上来说，说话一般要求语句完整、符合语法规范，但在特定场合，却需要用组织结构特殊的话语来传递信息。比如，当前面路口遇到红灯而汽车司机仍未减速时，旁边的人只需提醒：“红灯！”司机便会立即作出减速、刹车的反应。此时若旁边的人说出这样一句结构完整的话：“前面是红灯，这是不准前行的信号，你应当减速停车，遵守交通规则，保障安全。”别人一定会认为这个人头脑有问题。

此外，语音的纯、杂也可依具体场合加以调整。比如，一位学者回到阔别已久的故乡讲课，在适当的时候说出一两句地道的当地方言，也会收到意想不到的效果。

在什么场合说什么话，这是人们在长期交往实践中总结出来的经验。谈话双方对于话题的选择与理解、某个观念的形成与改变、谈话的心理反应以及交谈结果，无不与场合有着直接的联系。所以，在谈话时，你必须考虑场合影响，有意识地巧妙利用场合效应。

开口之前先看一下聊天的对象

你在与人交谈的过程中会遇到不同的人，人员构成比较复杂，所以你要针对不同的对象和不同的情况，采取不同的对策，因人而异，区别对待。所以，要迎合对方的心理，说不同的话，从而博得对方的好感，只有这样，才有可能达到自己的目的。有的人说话不分对象，心里想什么就说什么，可是说者无心，听者有意，你在不知不觉中就会得罪许多人，给自己制造很多不必要的麻烦，甚至还会造成一些无法挽回的损失。

在跟人说话之前，你先要弄清楚对方的个性。如果对方喜欢委婉的交谈，你就应该说得含蓄些；如果对方喜欢率直的，你就应该说得爽快些；对方崇尚学问，你就应该说得富有哲理些；对方喜谈琐事，你就应该说得通俗些。总之，说话方式与对方个性相符，双方就能一拍即合。

俗话说：“到什么山上唱什么歌。”这句话的意思就是，你要根据不同的说话对象，采取不同的表达方式，否则，就容易制造对立，带来麻烦。有时某一人物说出的话语是那时、那地、那情景下最符合他身份、性格的人物语言，与人物背景最为融合，这就是我们常说的“巧说”。但是也有些人往往把这种灵活的交谈方式看成是见风使舵或曲意奉承。其实这是一种错误的观念。

阿敏是一个优秀的服务员，她在接待客人时就是说话看对象的一个范例。

如果是一个知识分子进店，阿敏这样说：“同志，您要用餐，请这边坐。来个拌鸡丝或熘里脊，清淡利口，您看怎么样？”

工人同志来他们店里，阿敏这样讲：“师傅，今儿个过班，想吃过油肉还是汆丸子？”

如果是乡下的老大娘进店，阿敏这样欢迎：“大娘，您进城里来了，趁身子骨还硬朗，隔一段就来转转，改善改善生活，您想吃点啥呢？”

阿敏对不同的人所说的话就不一样：对知识分子，用语文雅、委婉；对工人同志，用语直接、爽快；对乡下老大娘，用语则通俗、朴实。这就恰到好处地适应了不同对象的不同爱好和文化修养。

古人说：“知己知彼，百战不殆。”说话也是一样，在开口之前，必须先了解对方，然后针对不同的对象，采取不同的会谈技巧，只有这样才能把话说到别人心里去。否则就会惹对方不高兴，甚至可能造成不必要的矛盾。

一位衣着时髦的白领小姐为购买一件时装而迟疑不决时，年轻的女营业员忙上前说：“这件衣服品位高雅，销路很好，今天早上就卖出好几件。”可那位小姐听后立即走了。一会儿，一位中年妇女来了，准备买一件新潮的马甲，那位营业员接受了刚才的“教训”，便说：“这件马甲很气派，一般人穿着还压不住它，从进货到现在还没有卖出一件，看来只有你最适合了。”这位中年妇女听了气呼呼地走了。

上面这位女营业员说话不看对象，结果惹得顾客一肚子的不高兴，自然不会买她的衣服。作为白领，追求与众不同的效果，如果自己穿的衣服大街上到处都能看到，那是有失品位的。而对于中年妇女，最怕别人都穿不了的衣服自己才能穿，那说明自己已经老了，赶不上潮流了。可见，说话不看对象，难免事与愿违。

此外，说话还要看对方的心态。不同的人在不同的情况下会有不同的心态，而且有时候未必会从外部表现上明显地表露出来，那么作为表达者应当洞察对方的心理，以便进行有效交流。

有些人被认为“少根筋”，就是因为她们说话不看对象。比如，她们在寿宴上对着寿星公寿星婆大谈人寿保险的好处；对着孕妇说这年头养孩子没好处，长大了净给自己气受；对新郎新娘说今天喜宴的菜好吃极了，下回别忘了请我，我一定捧场；对着要出远门的人，大谈今年有多少飞机出事，动车出轨，汽车追尾的事件；甚至在即将退休的领导面前抱怨有些老家伙早该离职退休了，就是赖着不走，阻碍青年人走上工作岗位……这样的人经常会在不知不觉中伤了人，而自己却谈兴正浓。

因此，会说话的人，开口之前，一定会根据各种人的身份地位、性格爱好和心理选择不同的处理方式，并把握好分寸。只有这样，才能成为受欢迎的人。

生活中，人是各种各样的，因此，他们的心理特点、脾气秉性、语言习惯也各不相同，由于这些，也就决定了他们对语言信息的要求是不同的。所以，不能用统一的、通用的、标准语的说话方式来交流。

一般说来，办事严谨、诚实、老练的人，最喜欢听流利而稳重的话，这时，你说话时要注意态度，既不能高谈阔论，也不可婉转如簧，而应以忠实见长，朴实无华，直而不曲为主。话语虽简，但言必中的，才能给人以老实敦厚的印象。

若对方性情豪放、粗犷，则他喜欢听耿直、爽快的话，那么你就应忠诚、坦白，知无不言、言无不尽，对美丑、善恶的爱憎要强烈分明。

若对方是学识渊博的高雅之士，他可能崇尚旁征博引而少芜杂的言辩，你不妨从理论问题谈起，引经据典，纵横交错，使谈话富有哲理色彩，但言辞应表现出含蓄和文雅，显得谦虚而又好学上进。

总之，要想处处受人欢迎，就要学会根据说话对象的不同情况来确定自己的说话方向，并且采用不同的谈话方式，做到见什么人说什么话。

第十章 你可以说“不”

此时无声胜有声

策划书拖了一个星期还没交，上司已经开始催了，如果再不交的话，上司脸色会很难看，西西也会死得很难看。

西西本来打算周五晚上加班，周末再赶一赶，周一把策划书交给上司。下班之前，同事志明问西西：“晚上烤肉，要不要一起去？”西西向来不会拒绝别人，志明是另一个部门的同事，聚餐却想着叫她，西西更不好意思说“不”了。西西想了想，勉勉强强地说：“好吧。”又想完成工作，又想出去玩，西西只好把做策划书的资料拷到u盘里，吃完烤肉，回家继续加班。

下了班，和几个同事吃过烤肉，酒足饭饱，有人又提议去KTV唱歌，西西想赶紧回家工作，奈何志明一直喊她一起，她不想去又说不出口，只好跟着大家一起走。唱完歌，烤肉也消化得差不多了，一行人又到大排档喝啤酒、吃夜宵，一直玩到半夜两三点钟才回家。西西醉醺醺地回到家，一觉睡到第二天下午一点多，起来后浑身筋疲力尽，宿醉的脑袋疼得好像要炸掉，根本没有力气赶策划书。

剩下一大堆工作要做，大批的数据要汇总，制成图表，周日一天，西西不吃不睡熬夜到晚上12点多，还是没有做完。周一一大早，上司站在办公室门口等着向西西要策划书，西西拿出毫无秩序的半成品，上司的眼睛一下子就绿了，吼道：“这是怎么回事？到我办公室解释清楚。”西西低着头，跟着上司往办公室走，心中恨死了自己：“为什么你就不能干脆点儿拒绝人家？”

面对同事、朋友、亲人，总有像西西一样的人，心里明明不愿意，却说不出一个“不”字，有时候宁愿自己吃亏，也不愿意开口拒绝别人，也就是俗话说的“死要面子活受罪”。为人处世，有的人宁愿自己吃亏，也要面子上好看，尽全力帮别人忙，即使自己没有时间、能力不够，也不好驳人家面子，好像只有这样才能维系好朋友之间的关系，才能得到他人的认可。

其实，永远不会说“不”的人不见得在群体中多么受欢迎，至多是一个没有意见的老好人。像西西一样，害怕拒绝别人、令别人失望，怕自己被讨厌、被批评，从而损害友情。事实恰恰相反，拒绝的能力往往和自信有关，缺乏自信的人才会为拒绝别人感到不安，适当拒绝，反而能获得他人的尊重。这样看来，西西也是一个自信心不足的人，她需要让自己取悦别人，用替他人做事、关心他人的方式体现自我价值。

西西完全可以回答志明：“很久没有聚餐了，我也想去放松一下，可我手里有个策划案还没做完，上司催着要呢，只好工作优先了，谢谢你的邀请，下次我一定去。”这样的话，既能保证自己有充足的时间完成工作，又没有伤害他人的感情，更重要的是不至于为难自己，既玩不痛快，又没有时间工作。

拒绝他人是说话中的一门学问，如何拒绝别人，用什么样的语气、方式，如何组织措辞，都是需要认真学习的。看口才培训班有那么多人报名，就可以推测出社会上有很多人不懂得拒绝。面对他人的请求、要求或者是不情之请，若是直截了当地说“不”，难免伤到他人的自尊心，因此，就需要动之以情、晓之以理，或者用抬高他人、贬低自己的方式，或者用沉默战术，此时无声胜有声。

甜甜蜜蜜的恋情，是心洁一直期待的，虽然对象是一个公司的同事，令她感到有些不适，不过和仲宇的相处倒是蛮顺利的。记得当初，心洁很苦恼仲宇总是叫她一起加班，每到下班时刻，他就半开玩笑地说：“下班不许走，陪我加班！”心洁还以为这是老员工对新员工的刁难，直到心洁忍不住问出口：“为什么总是叫我加班？每天工作已经很辛苦了，还要超负荷工作，我恨死加班了！”仲宇竟然云淡风轻地说了句：“因为我喜欢你呀！”只为这一句，心洁晕头转向了好几天，此后就什么都不顾地对他百依百顺了。

自从真旬出现后，一切都改变了。公司不允许员工之间谈恋爱，被发现的话，必须有一方离职，因此心洁和仲宇在平日里像一般同事一样相处，只有下班后和休息日才会约会。真旬对这一切一无所知，悄悄地追求起心洁来，心洁不想对仲宇有所隐瞒，遂向仲宇坦白，仲宇只说了句：“沉默是最好的拒绝。”

像之前一样，心洁丝毫没有多想，便用了“沉默是金”的方法。真旬常在QQ上找她聊天，心洁很少回复；下班之后，真旬打电话约她，她也不接电话；真旬顶着大雨送给她的巧克力，也被她退了回去……没过多久，真旬读懂了心洁的“沉默”，放弃了对她的追求。

终于松了一口气，心洁却发现她和仲宇之间的感觉变了。尤其是在心洁离职后，他们走得越来越远，每次心洁问他：“你怎么了？”他都默不作声。“你是不是还在介意真旬的事？”他也默不作声。突然有一天，心洁回想起仲宇说过的“沉默是最好的拒绝”，难道他正在用这种方式拒绝我吗？

“真旬的事情已经过去了，如果你介意，我真的无能为力。我知道你的沉默代表什么，所以……恋爱是为了快乐，为了感受爱意和兴奋，而不是像这样以沉默相对……”心洁发表了一番分手宣言，仲宇却从头到尾一言不发，看着他低头咬着吸管，心洁特别想把可乐泼他脸上，大骂一句：“你说句话能死呀？”最终她忍住了，只是轻声说了句“再见”，然后离开。

过去一个多月，心洁在新公司稳定下来，仲宇却开始主动联系她。高兴的同时，她感觉和之前不同了，没有窃喜、没有兴奋，只是觉得好玩儿，或许是对美好回忆的依依不舍，心洁可以边和他聊天边看电视，天南海北地聊两三个小时，聊到手机电池都发烫时，也舍不得放下电话。可是，每当他谈到感情时，心洁则小心地沉默。那是一段美好的时光，也是一段抹不掉的回忆，更重要的是，心洁记住了仲宇教过她并且用在她身上的那句“沉默是最好的拒绝”。

理由要合情合理

春城像小品《有事儿您说话》中的主人公一样，是老好人一个。长着一张苦大仇深的瓜子脸，见面就爱问候“最近怎么样？有事儿您说话”，不管事情有谱儿没谱儿，就跟人家说“成，没问题”。从小到大，因为这“有事儿您说话”的性格，春城可是没少吃亏。

上学的时候，室友个个是懒虫，天天晚上打游戏、白天睡觉。有课也不去上，春城就成了他们的“答到神器”。春城收拾东西准备去上课，其中一个室友说：“城子，今天帮我答到。”

春城笑嘻嘻地答应：“成，没问题。”

另一个室友在被窝里喊道：“顺便帮我答一下。”

“成，没问题。”

“还有我……”从被子里传出另一个懒懒的声音。

“成，没问题。”

于是，每次老师开始点名，春城就变换三个声音应付老师，终于有一次，因演技不佳兼老师的火眼金睛，春城暴露，不仅自己那科的1.5学分重修，连累室友的学分也泡汤了。

如果说傻人有傻福，春城凭借着他那“有事儿您说话”的独特气质，竟然交到了女朋友——对方正是看上了他“有事儿您说话”而从来不会拒绝人的好脾气。不过，在和他一起经历了小学、中学、高中、大学同学纷纷到家里串门儿，金卡级信用卡刷爆；好心帮美女邻居扛大米，差点儿被乱石打死；帮同事刷机跑遍了北京城，却没有人记得他的出租车发票；帮上司接待一些恶心又矫情的客户，奖金却依然惨不忍睹后，女友带着他深刻地检讨了一下。

“你是个老好人，因为这一点我才喜欢和你在一起，不过你这样总是做老好人，别人又不领你的情，实在划不来。我觉得你应该学会拒绝！”

“拒绝？怎么拒绝？”在春城的字典里，从来就没有“拒绝”这两个字。

“拒绝就是说‘不’呗，不喜欢做的事就告诉人家，‘这个我不想做，你找别人吧！’”

“这么……直接拒绝？”春城对拒绝别人这件事实在不在行。

“当然不是了，随便找个理由也能拒绝别人吧。比如说，同事让你帮忙打卡，你告诉他办公室门口装了摄像头，帮不了；朋友让你帮忙挑家电，你就说住得太远，去家电商场交通不方便；你的亲戚、朋友、同学之类的要在旅游旺季找你玩儿，你就说自己要出差……编个理由，合情合理的，这个不难吧？”

听了女友的一番教诲，春城才知道，原来可以这样轻松地拒绝别人的请求。从此之后，“有事儿您说话”“成，没问题”这些话在春城的词典里消失，他学会了更多、更丰富的词汇，如“我需要考虑一下”“让我看一下行程安排，之后再给你答复”“这件事不在我的职权范围内，恐怕我也无能为力”……

能否自如地对别人说“不”，是判断社交中心理成熟度的标志。能否主动要求别人帮助自己，能否合适地拒绝别人，能否承受别人的拒绝，这些都是需要自信和勇气的。作为人际交往中的逆势状态，拒绝总是令人遗憾的。任何人提出要求，不管要求是否得当，都不希望遭到拒绝，拒绝是伤害感情的事，被拒绝的人通常都会表现出不悦和失望，从而影响接下来的沟通和理解。

但是，拒绝又是必不可少的，如果一个人从来不懂得说“不”，就会像春城一样，因为别人的事把自己和自己的生活搞得一团糟。既然必须拒绝，就应该尽量减少拒绝带来的伤害，减少对方的不悦和失望。尽量婉言拒绝，保护对方的自尊心，拒绝时需要提出合情合理的理由，让对方信服，同时让对方理解你的处境。

拒绝即说“不”，但是不能只用一个“不”字就让对方打道回府，而应该给“不”加上合情合理的解释，让对方明白拒绝并非毫无理由，即使完全是借口，也要表现出些许无奈，表达某种难以解说的苦衷，如果能将事情的原委说清楚，对方定会谅解的。针对和对方关系的亲密程度，也可以选择充分地解释和适当地解释，对自己很重要的人，最好把话说透、说清楚；一般关系或者纯粹社交关系的人，将理由讲清楚就好。

拒绝的态度应当温和，但是话要说得坚决。办不到的事或者压根不想掺和的事，就要明明白白说“不”。模棱两可的说法可能让对方误会，令其怀有希望，最终无法实现时，对方甚至会觉得受到了欺骗，由此引起的不满和失望比当下被拒绝还要强烈。所谓长痛不如短痛，既然打算拒绝，就要一次性完成，拖延战术在拒绝中并不是明智的做法。

B大学许老师，连续几年职称都没被评上，这一次评定，不知道有没有他的名额。他到院长办公室，想找院长问一下这一次职称评定的结果。

许老师爬了五层楼梯，气喘吁吁地走到院长办公室，开口就问："这次评职称有没有我？"

院长见他气喘吁吁的样子，给许老师倒了杯茶，请他坐下。"喝杯茶再说话——你尝尝，这是新摘的龙井。"许老师哪里有喝茶的心情，抿了一口便急忙开口问："这一次职称评定的结果出来了吗？"

院长岔开话题说："许老师，最近身体怎么样？"

"身体还过得去。"

院长说："许老师，你可算咱们院里的老资格了，是咱们院的财富，一群年轻人都依靠你传帮带呢！"

许老师急着问职称的事，"作为一名老教师，工作上我会尽力的，可我不知道职称评定为什么不能按能力和资历来，和我年纪相仿的都评上了，为什么我……"

院长一脸无奈的表情，说："你知道，咱们学院有很多遗留问题，全校的职称名额有限，分到学院就更有限了，每一年都是僧多粥少，这次评不上还有下一次，这只是时间问题。不管怎样，你们这些老教师在学院的功劳是有目共睹的，每一个人的劳动都会被公正地对待。许老师，你放心吧，职称评定的结果还没公布，但我保证，我一得到消息肯定第一时间通知你，这样行吗？"

许老师没再说什么，和院长聊了一会儿闲话就回去了。

动之以情，晓之以理

钟正在法院工作，是民一庭的一名普通法官。每天接触各种零碎的民事案件，处理东家长、西家短的日常琐事，钟正觉得自己这个法官当的，快要成了管家婆了。民事案件不同于刑事案件，细节烦琐，处理起来还非常费脑筋，一些知识水平有限的被告或原告缺乏法律意识，沟通起来非常困难。钟正不仅要依法判案，还要耐心调解，苦口婆心地劝说，为双方寻找最合适的解决办法。

最近，钟正在处理一起交通事故案件，原告在过马路时，被被告撞上了，法医鉴定构成了10级伤残，交警给出的事故认定书判定被告负主要责任。可是，被告在出事当天到医院交了一万块钱的手术费之后就避而不见，电话不接，后续费用也不掏了，于是原告将被告告上了法庭。

庭审时，被告没有出庭，而是由代理律师代表，原告则带着一家人全部出席。原告情绪特别激动，鼻涕一把泪一把地在法庭上诉苦，说被告仗势欺人、逃避责任等。为此，庭审好几次都快进行不下去了。被告律师提出，希望对原告的伤残等级重新进行鉴定，为此钟正宣布休庭，三天后重新开庭。

第二天，钟正处理了一起夫妻离婚案件，中午休息时，遇到了交通事故案原告的姐姐和姐夫。两人看起来像精心打扮过，穿得非常体面，见钟正走出法院门口，姐夫走过来说：

“钟法官，中午休息了？有时间一起吃个饭吗？”

这种情况，钟正见过多次了。休庭期间，家属联系法官无非是吃饭、送礼，希望最终的判决对自己有利。钟正谎称自己要和老婆一起吃饭，拒绝了两人的邀请。隔一天，新来的书记员王泽突然叫他一起吃饭，钟正猜测肯定和案件有关，果不其然，到了餐厅，原告的姐姐、姐夫已经在包间里等着了。

“钟法官，您真是大忙人，想请您吃顿饭都不容易呀！”原告的姐夫寒暄道。

“我知道你们找我有什么事，有话咱们还是法庭上说吧。”钟正起身准备离开，被王泽一把拉住，说：“钟哥，不好意思，我不是有意骗你的，他们是我女朋友的表亲，这不是遇到案子了嘛，正好你负责这个案件的审判，他们想听听你的想法。”

“是呀，是呀！”原告的姐姐连声应和，“那撞人的是当地人，有背景、有人脉，我们赢不了他呀，你看他连开庭都不露面，估计心里有谱儿了，这官司他肯定赢了。钟法官，您看我妹妹被撞成那样，您就当帮帮我们，给我妹妹想个辙吧！”姐姐说着，从包里掏出一个厚厚的信封，推到钟正面前，“这是……还请您收下。”

钟正把信封推回去，说：“这个请拿回去，我不能收——你们的心情、你们的担心，我都能理解，你妹妹被撞伤了腿，住院开刀，花了不少钱，你们一家人跟着着急，希望能获得更多的补偿，这是人之常情。你们对法院又没有信心，担心得不到公正的判决，也担心对方是不是财大气粗，有能力左右法庭的判决。这里面不管是什么，我都不会收下，但我可以告诉你们，我会平衡双方的情况，作出一个公正的判决，你们也别来回跑了，吃点儿东西，回家等开庭吧！我还有工作，先走一步。”钟正起身离开。

俗话说：“好马出在腿上，好人出在嘴上。”一个人会不会说话，是人们评价他的一个标准。会说话，并不代表就是钻营溜须、巧言令色，而是懂得在什么场合说什么话，懂得争取、懂得拒绝。像钟正这种处在利益双方的中间位置，拒绝的方式显得更加重要。断然拒绝，会增强对方的猜测，甚至怀疑他拿到了对方的好处；如果犹犹豫豫，则有损他的法官形象，甚至给人留下“可以帮忙”的暗示，会把事情搞得更复杂。

拒绝别人时，为了让对方能够体谅自己的处境，不妨用动之以情、晓之以理的方式拒绝。让对方接受你的拒绝的同时不会觉得自己被拒绝，不会觉得没有面子，就好像在苦药外面加了一层糖衣，吃的时候不觉得苦，却起到了药的效果。

员工和老板之间的谈判，同意和拒绝是同比例发生的。老板交代工作，员工推辞、拖延，不想做；员工希望职位晋升、薪水增加，老板考虑人力成本、人员结构和公司效益，不同意员工的要求。在企业里，员工与老板、上级和下级，时时刻刻在进行同意和拒绝的拉锯战，就看谁更懂得方法和时机，谁更有坐下来谈判的筹码。

作为一名员工，尽职尽责地工作后，希望能拿到合理的报酬。可是，如何巧妙地向老板提出加薪的要求，同时让对方欣然应允，让双方皆大欢喜呢？这是一个问题。作为老板，希望用最少的人做最多的工作，节约成本，获得最大的利润。因此，如果员工谈加薪，老板总是有各种理由搪塞，如公司正面临利润滑坡，今年的人力预算吃紧，没办法提高薪水。即使老板口头上答应了，到时候再找个理由不兑现，又该怎么办呢？

难道要为了加薪不成而辞职吗?

歆妤站在老板办公室的门口，盘算着心里的小九九。刚被上司表扬了一通，大老板叫她，估计也是想称赞她一下，毕竟上一个项目做得确实漂亮。歆妤在考虑，要不要借此机会和老板谈一下加薪的问题，上次加薪还是入职满一年时，此后她依然卖力工作，薪水却没涨过，这次机会是一个筹码，可以和老板好好谈一下。

回想起在上一个公司遭遇的惨痛经历，歆妤到现在还心有余悸呢。她非常清楚地记着前老板说过的话，一字一句都没有忘记："加薪？公司今年业绩不好，你也不是不知道，况且公司刚刚失去一个大客户，我还不知道怎么弥补损失呢，你还敢提加薪？现在的大学生，连一份正经工作都找不到，你没有在家待业，应该暗自庆幸才对。公司效益不好，就算降薪也没什么可说的，还加薪？真搞不明白你是怎么想的……还站这儿干吗？出去干活儿！你站在这儿五分钟，也是我在付钱的，好吗？"

在歆妤工作过的公司中，这位老板是奇葩中的奇葩，不仅嘴巴坏、心思毒，而且整天盛气凌人地指责员工，公司一丢项目就找员工撒气，歆妤早就听说他骂人很有一套，这次总算是亲身领教了。因为没找好时机，提加薪被老板骂，歆妤委屈地痛哭了半天，觉得在公司也待不下去了，第二天就辞职走人了。

这一次，歆妤犹豫了很久，草稿也打了好几张，这个老板平日待人蛮和善的，就是不知道万一被歆妤触痛了哪根神经，会不会火山爆发，露出狰狞的一面。幸好，歆妤还有一点儿资本攥在手里，凭这一点老板应该会考虑一下加薪的问题。

进了办公室，老板先夸起歆妤来："你的主管跟我汇报过了，项目做得不错，歆妤，你很有潜力呀！"

“谢谢老板，我会继续努力的。”

“这个拿回去看看。”老板递给歆妤一摞文件夹，“下个月开始做这个项目，也是有难度的哦，如果需要其他资料，到你主管那里找。”

歆妤粗略地浏览了一下，有点儿惊讶地说：“您这么相信我？这么大的案子，万一我搞砸了……”

“歆妤，不要妄自菲薄嘛，你的工作能力不错、脑子聪明，学东西挺快，我相信你能出色地完成工作。”

“谢谢，我会努力的。不过，如果这个项目我做成了，您打算怎么奖励我呢？是加薪水，还是发奖金哪？”

“加薪、奖金，这些都好说，现在公司正处在上升期，各方面都在不断完善，对你来说，最重要的是做出成绩来。你帮公司赚到钱，公司自然不会亏待你，想要加薪水，最终还是要拿项目说话。”

老板虽然没有给她一个肯定的答复，歆妤还是觉得很高兴，老板肯定了她的工作能力，还交给她更重要的任务。最重要的是，老板没有火冒三丈，因为她主动提加薪而骂她个狗血淋头。

顾左右而言他

南海和昆宁是比较要好的朋友，经常和其他朋友凑在一起吃饭、打牌。他们一开始是以朋友的朋友的身份认识的，后来觉得性格蛮合得来，便经常一起活动。昆宁属于开朗活泼型的女孩儿，很爱笑，而且懂得关心别人，在南海和相恋6年的女朋友分手的一段时间里，每次吃饭昆宁都会特别照顾他，虽然一群人凑在一起，但她一直在耐心听他说话、听他诉苦，安慰他、开导他。

渐渐地，南海觉得自己喜欢上昆宁了，只要有她参加的饭局，他都会出席，哪怕是他最讨厌的户外野餐，他也会积极准备。有时候，他还会打电话问昆宁："明天的野餐你有时间参加吗？"如果昆宁刚好没空儿，他就找个借口推掉，总觉得没有昆宁在，聚会之类的也变得索然无味了。

认识几个月，南海一直不敢单独约昆宁出去，晚上聊天，他也不敢提到感情的问题，害怕自己刚开口就碰了钉子，他的小心脏暂时还受不了第二轮打击。昆宁喜欢看网球比赛，收藏Hello Kitty，喜欢看动漫《海贼王》，南海就在网络上恶补功课，争取和她有话题聊。

聊了一阵子之后，南海也不确定昆宁对他有没有感觉，一天晚上，他终于鼓起勇气问了句暧昧的话："如果在Hello Kitty和我中间只能选一个，你会选哪个？"昆宁沉默了0.5秒钟，回答说："我选路飞！"南海没听懂她的意思，电话里响起昆宁爽朗的笑声，"你知道为什么吗？……"昆宁将话题转移了。后来又有两次，南海婉转地问她喜不喜欢自己，结果都被她转移了话题。从此之后，南海很少找昆宁说话了。

按照正常的对话模式，一问一答，对方提出问题应该给出直接的答复。但不是所有的问题都能像"你吃饭了吗？""刚刚吃过，你呢？"这样轻松对答的。想要拒绝，又不想正面拒绝时，可以采用"答非所问"的方式，用一个无关紧要的话题将尴尬的问题转移掉。

说话间，对方的来意即使没有明确地表态，也能从言语中体会出来。当遇到过分的要求或者难以回答的问题时，转移话题，顾左右而言他是一个聪明的方法。转移话题，其实就是避实就虚，不说"是"，也不说"不是"，将问题搁置，转而讨论其他事情，这样一来对方没有机会开口，便可以找机会脱身。

作为一个销售员，葛明一个星期中的五天有三天是在酒桌上度过的。因长时间喝酒，葛明的身体落下许多毛病，胃黏膜受到了损伤，患上了胃炎和胃溃疡，他还有轻微的酒精肝，长期饮酒还让他身体肥胖，短短几年时间里，体重从65千克长到了80千克，不到30岁就腆着个将军肚，看起来不像个年轻小伙，反而像是中年大叔。

久经沙场，葛明也练就了一套防备劝酒的秘籍。坐到酒桌上，他尽量多说话、少喝酒，宁愿像服务员一样，给每个人倒酒，尽量不给自己添。最重要的是，要在客户清醒的情况下拿下单子。别人劝酒时，他还要不时地转移话题，将客户的注意力转移到业务上最好，如果不行，谈谈篮球、谈谈股市也是好的，这样就可以不用喝酒了。

一段时间里，葛明最害怕在饭局上遇到×公司的沈老板。沈老板，人送外号“千杯不醉”，出了名的爱喝酒、能喝酒，而且和他谈生意的前提就是要喝痛快、喝高兴，否则他连合同都不看。葛明在不熟悉沈老板风格的时候，打肿脸充胖子，和沈老板拼酒量，查出身体有问题后，葛明便想办法躲掉劝酒，不和沈老板“正面交锋”。

为了推掉沈老板的劝酒，葛明用了很多借口，第一次用“我今天身体不太舒服”，第二次用“最近在吃中药，不能喝太多酒”，第三次说“我老婆准备生小孩儿，要控制饮酒”……理由用到滥，葛明终于想到了转移话题的办法。

沈老板是个能说会道的人，特别喜欢跟人家讲他的创业史，讲他年轻时的艰苦奋斗，讲他人生路上的红颜知己。之前，葛明特讨厌他一坐下来就长篇大论，于是拼命劝酒，既然灌不醉他，把自己灌醉也好，喝醉了就不用听了。可如今，他要想办法把话题引到沈老板身上，让他多说，不停地说，葛明也能得空喘息一下。

沈老板亲自过来劝酒时，葛明和他举杯，然后搬一个话题出来：“上次很巧，在商场见到您和林女士，不知道你们现在发展得如何了？”触到了沈老板的话题开关，他的话头一下就打开了：“这个林妹妹呀，难搞得很呢，我带她是吃也吃了，玩也玩了，前一阵刚去了趟日本，泡温泉、逛商店，她有什么要求我都满足她，可她就是对我若即若离的，葛兄……”

沈老板长篇大论十分钟，葛明就得救十分钟，沈老板干了一杯酒，葛明再换下一话题，一场两个小时的饭局，通常就是这样熬下来的。

转移话题这个方法非常好用，在面对无法回答的问题、无法应对的场面时，当话题变得敏感时，或者对方说的都是自己不感兴趣的内容时，都可以尝试一下。既然不能对对方说“我对这个毫无兴趣，咱们说点儿别的吧”，那只好用转移话题的方式，将谈话内容引到别的领域。

美琪和尚生初次约会时，尚生很不知趣地大谈特谈NBA：“我的最爱是湖人队，每次网络上下注，我都会赌湖人队赢，有湖人队比赛的时候，我就在电视机前为科比加油……科比是我的偶像，他拿MVP那场比赛……”

美琪对篮球一点儿也不感兴趣，连尚生说的“小飞人”“大鲨鱼”“小皇帝”是谁她都搞不清楚。尚生自顾自地说着，全然没注意到美琪的心不在焉，如果这时候美琪说“我觉得篮球好无聊啊，你在说什么，我完全听不懂”，他们的初次约会一定会结束。

况且，又不是老妈逼着她见的相亲对象，美琪对尚生的印象还不错，她可不想就这么搞砸第一次约会。可是，如果响应着尚生，骗他说“我也很喜欢篮球，经常看NBA比赛呢”，又有点儿为难自己，事后被他知道了，还落个骗子的名声。皱着眉头想了半天，美琪终于想到了一个接他话题的好点子：“你这么喜欢看球，会不会耽误工作进度啊？”

“还好啊，有湖人队比赛的时候可能有些影响，其他比赛我都是在网络上看的，况且平时上班比较忙，没有太多时间看球。”

“你工作很忙，需要经常加班或者出差吗？”

美琪成功地转移了话题，接下来，他们聊了许多各自的工作和生活。美琪和尚生的第一次约会并没有被她对篮球比赛的无感搞砸，相反还变成了一次畅快的对谈。